Für Leser von neun Jahren an

HANS JOACHIM NAUSCHÜTZ

STRUBBELKOPP
und noch ganz andere Geschichten

Illustrationen von Wolfgang Würfel

Verlag Die Furt

Impressum

© 1998 **Verlag Die Furt**, Jürgen Kapiske
Hauptstraße 28, 15236 Jacobsdorf
Druck: cw Obotritendruck GmbH Schwerin
Alle Rechte vorbehalten
1. Auflage
ISBN 3-933416-04-3

Strubbelkopp ...

STRUBBELKOPP

Stefan hebt den Kopf. Stadtgeräusche. Immer wieder wird er vor der Zeit wach. Er schläft gut hier oben. Zugegeben. Aber zu kurz. Also blinzelt er zum Fenster hin. Die Sonne guckt um die Fensterecke. Er weiß, wie sie wandert. In einem Bogen. Sie ist weit hinterm Grenzfluß aufgestiegen und emporgewandert und steht zwischen den beiden Hochhäusern jetzt. Während die Autogeräusche anschwellen hin zur Grenzbrücke.

Stefans Bett steht unterm Dach juche im Arbeitszimmer seines Onkels. Stefan hat Bücher ringsherum. Er braucht nur zugreifen. Märchen sind auch darunter. Der Computer steht auf seinem Platz mit verdunkeltem Bildschirm. Stefan darf, wenn er will, dessen Spiele abrufen. Aber er will nicht.

Er blinzelt zum Fenster und denkt: Zwei Wochen noch. Seit drei Monaten lebt er in der brandenburgischen Stadt. Langeweile hat er wirklich nicht. Mehrmals ist er mit Tante und Onkel über die Grenzbrücke zur Nachbarstadt gegangen. Auch ins

Kino. Jedesmal hat er von der Brücke aus in den Fluß gespuckt, in das schmutzig dunkle Wasser. Er weiß, der Fluß geht irgendwann ins Haff. Das Haff hat eine Öffnung zum Meer. Ein wenig links mit dem Finger auf der Landkarte um die große Insel herum, dann wär er zu Hause. Sein Landstrich sticht mit langer Nase ins Meer. Bei klarer Sicht kann er vom Weststrand Hiddensee ausmachen und die Kirr. Aber er schlägt sich die Bilder aus dem Kopf.

Zwei Wochen sind zwei Wochen. Vielleicht ein oder zwei Tage weniger als zwei Wochen. Noch schwimmen die Eltern im Mittelmeer. Vater steht auf der Brücke und sagt dem Steuermann, wie er fahren soll. Mutti liegt im Liegestuhl auf dem Oberdeck und sonnt sich. Kann sie ja! Soll sie ja! Stefan mußte zu Onkel und Tante. Er versteht das. Sie haben ihn „schulisch umgemeldet", wie das heißt.

Nun aber sind Ferien. In Mecklenburg, wo Stefan herkommt, noch nicht. Einer wie Stefan kann darüber feixen. Seine Freunde hocken bei Strandwetter in der Schule. Stefan wird auch die anderen Ferien genießen können. Aber er feixt nicht. Er ist in Sorge. In großer Sorge. Er hat hier kein Pferd. Er hat hier kein Meer. Er hat nur sein Fahrrad. Und Vater hat gesagt: „In diesem Jahr packen wir es nochmal, Strubbelkopp! Ich reite mit!"

Stefan tröstet nicht, daß er heute zum Baden fährt. An einen See, der auf den Namen Helene hört. Der

See war einst ein Grubenloch, ein Braunkohlentagebau. Der hat sich mit Grund- und Regenwasser gefüllt. Der See hat Fische und Lurche. Er ist so kalt wie das Meer, weil er sehr tief ist.

Der See hat auch einen Schilfgürtel. Was er nicht hat: Ihm fehlt der Horizont. Horizont ist da, wo Himmel und Meer zusammenstoßen!

Stefan hat das seinen Klassenkameraden erklärt. Seltsamerweise hatte keiner von ihnen auf den Horizont geachtet, wenn sie an der See waren. Es war ihnen nicht aufgefallen, wo Himmel und Meer zusammenkommen.

An der Helene sieht Stefan keinen Horizont. Er sieht und riecht Kiefern. Die Kiefern sind Douglasien, weiß er. Sie sind wie Soldaten in Reihen ausgerichtet. Er schmeckt trotzdem staubige Luft. Er atmet Hitze, die durch keinen Lufthauch bewegt ist. Als er das jetzt denkt, tut es richtig weh in seiner Brust. Es sticht einmal und nochmal. Und er heult ein bißchen. Die paar Tränen wischt er mit dem Bettzeug ab. Und steht endlich auf. Obwohl er noch nicht muß.

Er wäscht sich leise. Der Onkel hat hier oben sein Refugium, wie er sagt. Er hat ein zweites Bad einbauen lassen ins Haus. Für Besucher wie Stefan einer ist. Refugium ist Stille, sagt der Onkel.

Stefan liebt Stille. Er braucht sie zum Beobachten der Kormorane oder der Seemöwen und der Kegelrobben im Großen Strom. Wenn das man hier Stille ist, denkt

Stefan. Nimmt der Onkel das Straßenbahnqietschen da einfach von aus oder die Autogeräusche? Stefan ahnt, der Onkel meint eine andere Stille.

Na, gut. Er, Stefan, schiebt sich jedenfalls mit dem Boot durch den Schilfgürtel und segelt übern Bodden auf Neuhaus zu. Sein kleines Boot steuert er ohne Mühe. Vater ist mit ihm hundertmal gesegelt. Stefan beherrscht das Boot. Es ist seines. Bei leichter Briese darf er allein auf den Bodden. Wenn Vater zu Hause ist. Der sitzt unter der großen Linde und beobachtet Stefan durchs Fernglas. Und wenn er den Arm hebt, muß Stefan zurück. „Gut gemacht, Strubbelkopp!" sagt Vater. Er verrät ihm noch einen Kniff, damit das Boot ordentlich langsseits kommt und einwandfrei anlegen kann. Dann ist Feierabend. „Eben, eben", sagt Stefan und holt das Bier und Fanta.

Sie sitzen unter der Linde. Gegen den Horizont sind zwölf Windkraftanlagen gestellt. Stefan zählt sie laut. Sie stehen zwischen Neuhaus und Pütnitz. Und das ist schön. So ein Abend. Der ist Stille. Die Linde säuselt.

Dann ist es so nach einer Weile, als wiederholte die Linde den Satz, den Stefans Großvater gesprochen hat: HIER MUSS EINER TONNENKÖNIG SEIN UND EINEN FAUSTGROSSEN BERNSTEIN FISCHEN, WENN ER EIN MANN SEIN WILL! Den Satz kann sich einer einrahmen. Er ist für Vater und für mich gemacht, der Satz, denkt Stefan. Oder hat Großvater geflunkert?

Großvater war Tonnenkönig als junger Mann. Dreimal. Die Fotos hängen in der Küchenveranda, seit Großvater nicht mehr lebt. „Wir halten sie in Ehren", hat Vater gesagt. Dies Jahr will er wieder gegen die Tonne anreiten, hat sich Vater geschworen. „Dies Jahr nun wohl wirklich, Strubbelkopp!" Stefan grient in sich hinein. Die Keule für den Tonnenschlag muß erst gefunden werden. Wo die sich rumtreibt! Und das Pferd muß gefunden werden, welches den zappeliger Vater geduldig trägt. Stefan nämlich braucht nur zu Schäpers gehen nach nebenan. Da steht sein Pferd. Er reitet, wann er will. Na ja, es ist nicht sein Pferd. Aber er darf reiten. Er kann reiten. Und eines Tages ist auch er Tonnenkönig.

Und bekommt auf der Stelle den Schluckauf. Er geht leise nach unten in die Küche an Tantes Schapp. Darin steht die Zuckerdose. Er nimmt zwei Stück braunen Zucker und kaut, daß es knirscht. Der Schluckauf verzieht sich.

Stefan kriegt Durst und trinkt die Seltersflasche leer. Er deckt den Frühstückstisch, bemüht, mit dem

Geschirr nicht zu klappern. Er stellt drei Eierbecher hin. Denn es ist Sonntag. Im Haus bleibt es still.

Das Wort Tonnenkönig hat hier nie jemand auch nur gehört. „König von 'ner Tonne? Wie geht das?" „Das ist so", hat Stefan erzählt. Das war eine Woche nach seinem Schulwechsel. Sie hatten ihm den Namen FISCHKOPP gegeben. DER FISCHKOPPP sprachen sie und ahmten Stefans Sprechweise nach. „Das ist so. Ihr lacht, weil ihr keine Ahnung habt. Eine Heringstonne hängen sie zwischen zwei Birkenstämme. An ein Tau. Dann reiten sie im Galopp und schlagen mit einer Holzkeule gegen die Tonne. Stunden geht das so. Wer das letzte Holzstück abschlägt, der ist König." Stefan zeigte ihnen, wie weit sich der Reiter aus dem Sattel heben muß, will er mit der Keule die Tonne treffen. Und das im Galopp. Sie staunten ein wenig. Verstanden hatten sie es wohl nicht.

Stefan seufzt. Er sucht nach der Butterdose. Er findet sie im Kühlschrank. Die Butter ist für die Brötchen zu hart, findet er. Da fällt ihm seine Mutter ein, wie sie den Frühstückstisch deckt. Sein Herz tut einen deutlichen Schlag. Es hüpft.

Er kramt nach Servietten und findet sie nicht. Die hätte er gefaltet auf die Teller gelegt.

Bei der Tante stehen Kakteen auf dem Küchenfensterbrett. Zu Hause drängen sich auf dem ausladenden Fensterbrett der Küchenveranda Hühnergötter und von Meerwasser und Seesand blankgescheuertes Wurzelwerk. Es ist Buchenholz vom Darßwald, der jedes Jahr von der See gefressen wird.

In einem hohen Glas liegt Vaters faustgroßer Bernstein. Wenigstens zwanzig kleine Steine, zwei davon mit Insekteneinschlüssen, hat Stefan ins Glas versenkt. Er hat sie gefunden, obwohl tausend Feriengäste zweitausendmal draufgesehen haben.

Ab und an nimmt Stefan Vaters Stein aus dem Glas. Er wiegt ihn in der Hand. Der Stein ist schartig. Seine Farben gehen vom dunklen Braun bis honiggelb.

Stefan beguckt Tantes Kakteen. Tante sagt, der Onkel habe sie ihr geschenkt. Aber vergangene Woche hat auch sie ihm einen Kaktus gekauft. Es ist der mit Stachelohren. Ein Ohr mit Stacheln klebt auf dem anderen.

Sie schenken sich gegenseitig Kakteen, überlegt Stefan. Hat Vater Mutter den faustgroßen Bernstein geschenkt? Dann war das im Jahr, als Vater Tonnenkönig geworden ist. Vor Stefans Geburt. Als Vater und Mutter sich kennenlernten bei einem Landgang in Warnemünde.

Wenn die Novemberstürme über die Insel brausen, und die Wellen wütend den Weststrand anstürmen, wird Bernstein angeschwemmt. Man muß sehr früh aufstehen. Mit dem Kescher muß man im Wasser stehen und den Bernstein fast wie einen fliegenden Fisch fangen.

Stefan besitzt einen Kescher. Diesen November wird er sicher in die kleinsten, hüfthohen Fischerstiefel passen. Er wird dabei sein und sehen, daß die See ihm nicht die Beine wegtreckt. Er wird Bernstein fischen.

Stefan greift mit beiden Händen weit aus, als hielte er den Kescher fest in den Händen. Er schwenkt ihn herum gegen die Wellen ... in die Arme seines Onkels.

„Machst Gymnastik und bist Frühaufsteher", stellt der Onkel fest und hält ihn an den Armen. „Deine Eltern haben gestern noch angerufen. Das Schiff nimmt Kurs auf Gibraltar. Also nach Hause." Er läßt Stefan los und schaut auf den Frühstückstisch, ob etwas fehlt. „Haben Heimweh", fügt er hinzu und hat schon ein Brötchen in der Hand. „Möönsch, Heimweh", sagt Stefan gedehnt. Das wollen Erwachsene sein und haben Heimweh?

Und er freut sich, wie er sich den lieben, langen Morgen gefreut hat. Und worauf denn? Auf zu Hause. Und er hat Hunger, ja!

DAS RIESENGEWICHT

Der Frühling war gekommen, und Stefan sattelte sein Fahrrad. Das hatte er jedenfalls vor. Von den Bülten, den Salzwiesen im Bodden, wehte zwar noch ein halbkühler Wind. Vadders Boot lag auch noch an Land. Das wollten sie an einem Wochenende zu Wasser bringen.

Stefan ging einmal um das Boot, das auf Rundhölzern lag und eingemummelt war wie die alte Frau Katin in ihr Tuch. Dann lief er zur Garage, rückwärts lief er, das Boot im Blick und den kleinen Ausschnitt vom Bodden. Der Schilfgürtel, der das Wasser säumte, beugte sich unterm Wind als sei er trunken. Das gelblich graue Rohr schwankte hin und her.

Und Stefan vergaß das Fahrrad. Er lehnte sich an das zum Trocknen aufgestellte Rohr. Hoch ragte es auf, wie ein Indianertipi war es zusammengestellt.

Die Rispen des Rohrs schüttelten sich. Ihren Samen hatten die Rispen längst verloren. Daran dachte Stefan jetzt nicht.

Er dachte daran, wie sie das Schilf geschnitten hatten im Januar. Alle Nachbarn waren wie auf Verabredung eines sonnabends auf den Bodden. Das Eis knarrte und schlug vor Kälte Schlangenlinien. Es war ganz durchsichtig. Kleine Luftblasen konnte man sehen, die ins Eis eingeschlossen waren. Später hatten sie auf dem Eis in Ufernähe ein Feuer entfacht. Es hatte sich nur wenig ins Eis gefressen. So kalt war es. Sie bündelten das Rohr und stellten es auf Vorrat.

„Die Gauben", hatte Stefans Vater gesagt „die Gauben werden wir irgendwann im Jahr neu eindecken müssen."

Damit meinte er die beiden Fenster, die in sanften Bögen unter Reedwülsten auf den Bodden schauten, an der Hoflinde vorbei. Eines gehörte zu Stefans Zimmer, das andere zu Anjas.

Bei klarem Wetter konnte Stefan die Boddenstadt sehen, das Holzwerk, dessen großer Schornstein beharrlich Rauch abließ und den Kirchturm. Heute war es diesig. Der Westwind blies Wolken vor sich her. Er war von Tag zu Tag wärmer geworden. Bald kämen die Kormorane und die Kraniche und was sonst noch so kommt.

Stefan schob sein Fahrrad heraus aus der Garage. Er linste zum Küchenfenster. Sollte er Anja sagen, was er vorhatte? Es herrschte Frieden zwischen ihnen. Und so rief er gegen das Fenster: „Zum Kaffee bin ich da!" und brauste ab.

Vater hatte das Fahrrad geölt. Überhaupt dachte Vadder an alles. Wenn er zu Hause war. Das geschah alle drei Monate. So etwa. Manchmal blieb er sogar vierzehn Tage. Sein Fahrrad hätte Stefan auch allein ölen können. Das Rad von Anja und von Mutti ebenso. Er hatte es sich vorgenommen und dann doch vergessen.

Stefan bog in die Straße Auf den Branden ein. Er hielt vor Pits Haus und pfiff zweimal. Nichts rührte sich. Sie waren nicht verabredet, Stefan und Pit. Sie verabredeten sich nie. Wer was wollte, der kam einfach. Und Pit war nicht da.

Pit nicht da, Pit nicht da, trat Stefan die Pedalen. Er schaltete in den zweiten Gang, sauste an der Straße Im Moor vorbei, wo Onkel Adam wohnte, guckte nicht links noch rechts.

Er sauste und überholte Onkel Adam mit dem Kutschwagen. Der rief ihm etwas zu, was Stefan nicht verstand. Er hörte nur kurz das Klappern der Pferdehufe und war schon längst weg. Rein in den Biebersteig, rein in den Wald.

Da war es still. Und Stefan schaltete in den ersten Gang. Er fuhr immer langsamer. Er war scharf auf die Damhirsche. Er hatte sie lange nicht gesehen. Er sah auch keinen. Es war nach der Mittagszeit, und die Hirsche würden irgendwo zusammenstehen bis zur Dämmerung. Oder man sah sie vom Biebersteig aus überhaupt nie mehr. Weil da nicht nur Stefan mit dem Fahrrad fuhr, sondern auch Pitt und im Sommer die Feriengäste. Seit es den erneuerten Biebersteig gab, der mit Splitt befestigt war, mit rotem Splitt, auf dem es sich herrlich fuhr.

Also sauste Stefan weiter, schaltete die höheren Gänge bis zum Stern, an dem sich die Wege nach Zitzow und Herrenshoop kreuzen. Keine Pause, keine

Pause, keine Pause, sagte sich Stefan, obwohl er außer Atem war und sein Kopf schweißnaß.

Am Hochstand aber verhielt er. Er hatte trotz aller Schnelligkeit ein Fahrrad aufblitzen sehen, dort, wo die Buchen und Eichen weit auseinander standen und wo vor tausend Jahren das Meeresufer gewesen war. Vor tausend Jahren? Vor zehntausend! Das konnten sich weder Stefan noch Pit vorstellen, daß hier mal ein Meeresufer gewesen war. Onkel Adam behauptete es.

Und da saß Pit. Sein Fahrrad lehnte an einem Baum. „Mach dir man nicht die Füße naß", sagte Stefan zur Begrüßung. „Ist ganz trocken", antwortete Pit und wischte mit der rechten Handfläche übers trockene Gras und Laub.

Es roch aber nach Feuchte, nach dumpfer dunkler Feuchte, als lauerten die Steinpilze unterm abgestorbenen Buchenlaub. Stefan sog die herbe Luft tief ein, noch einmal und noch einmal. „Hast du kein Taschentuch?" fragte Pitt. Da boxte ihn Stefan, und im Nu rollten sie übers Laub und kugelten den Hang hinunter.

Da saßen sie, aneinander gelehnt, und schauten den Hang hinauf. „Ins Meer hättest du mich gestoßen", sagte Stefan und betrachtete kritisch den Hang. „Ach du mit deinen Geschichten!"

„Das sind keine Geschichten!" behauptete Stefan. „Meinst du, mein Onkel Adam lügt?" „Das vielleicht nicht", sagte Pit und lächelte versöhnlich. „Er vertellt sie sonntags bei Sjöbergs am Stammtisch, das tut er." Da hatte Pit recht. Sonntags am Stammtisch.

Und doch, wie sie so Rücken an Rücken saßen und die Frühjahrsfeuchtigkeit der Erde sich langsam durchs Laub drängte und sich in ihre Jeanshosen setzte, glaubten sie das Meer zu hören. Es rannte grimmig das Ufer an unterm Nordost. Es schlug und peitschte, und die Buchen schwankten.

„Vielleicht haben hier ganz andere Bäume gestanden", überlegte Stefan laut. „Eiben", sagte Pit, „meinetwegen Eiben." „Eiben, einverstanden", sagte Stefan.

Er dachte an Ibenhorst, das nahebei lag. Aber Eiben standen dort auch nicht. Onkel Adam sagte „Ibe" und meinte die Eibe. Er hatte von Versuchen erzählt, die Eibe wieder einzubürgern auf der Halbinsel.

„Und warum ist sie verschwunden, Onkel Adam?" hatte Stefan gefragt. Tja, das war eine unglaubliche Geschichte. Der Name ist ja nun da, nicht zu leugnen. Ibe ist Eibe. Wo ein Name ist, ist auch ein Weg, hatte Onkel Adam gesagt. Wir wurden mal Dänen nach einem Krieg, der dreißig Jahre gedauert haben soll.

Also, die Dänen waren hier bei uns und bekamen alle Steuern. Und im Wald wurden die Eiben gefällt und in ein Riesenschloß übers Meer verschifft. Das heißt Christiansborg auf Jütland. Das ganze große Schloß vom ganzen großen dänischen Königreich ist mit Eiben getäfelt. Da sind unsere Eiben hingekommen, bis es keine mehr gab.

Und immer wenn der König Christian, die hießen alle Christian und wurden gezählt, ich mein, sie bekamen eine Nummer, und es war der Christian mit der Nummer VII oder VIII, immer wenn König Christian die schöne Eibentäfelung in seinem Speisesaal anschaute oder über seinem Himmelbett, dann fiel ihm unsere Insel ein.

Und er fragte: Was machen unsere Eiben auf der Insel? Da mußten die Höflinge antworten: Die Insel ist nicht mehr unsere Insel, und Eiben gibt es dort auch nicht mehr, Majestät.

Na, dann eben nicht, sagte Majestät. Aber es hat ihn gewurmt, daß die Insel ihm nicht mehr gehörte und wir keine Dänen mehr waren. Aber ob es ihn wegen der Eiben gewurmt hat, weiß ich nicht.

„Das ist verrückt", sagte Pit. „Stell dir vor, wir sind Dänen."

„Quatsch", antwortete Stefan. Er sagte das, weil er sich auskannte. Jedes Jahr zum Tonnenfest, kamen

Dänen zu Besuch. Die nannten sich Tonnenbröder. Sie trugen weiße Hemden, schwarze Bundhosen und grüne Westen und eine blaue Samtschleife. Das waren Dänen!

Da stieß ihn Pit sanft an. Stefan drehte den Kopf. Da war was. Was war da? Ein großer schwarzer Vogel mit einem roten starken Schnabel saß an einen Fichtenstamm gekrallt.

Die Jungen rührten sich nicht. Der Schwarzspecht aber wanderte den Stamm hinauf und verschwand. Er hatte das mühelos und lautlos getan. Sie hatten auch das Schwirren seiner Schwingen nicht gehört als er angeflogen kam.

Wie auf Verabredung standen Stefan und Pit auf und liefen zur Fichte. Sie schauten den Stamm hinauf. Der Specht blieb verschwunden. Und wie sie um den Stamm herumliefen, stürzte Stefan, und dann stürzte auch Pit.

Nein, sie hatten sich nicht weh getan. Sie waren nicht über einen Ast gestolpert, auch nicht über einen Baumstumpf. Kein Seil war aufgespannt, jemanden ins Fallen zu bringen. Ein schwarzer Bügel schaute aus dem Waldboden. Ein eiserner Bügel. Wie ihn ein Henkelpott hatte. Aber ein Riesenbügel, der zu einem Riesenhenkelpott gehörte. Mindestens zwei Daumen dick war der oder drei. Wenn man drei Jungendaumen zusammenlegte.

„Mein lieber Mann!", sagten sie wie aus einem

Munde. Das war nun wirklich ein Ding, dieser Bügel, der aus der Erde ragte.

Er faßte sich kalt an. Er hatte Dellen über und über. Und man konnte sich vorstellen, daß er geschmiedet worden war. Und er saß fest. So sehr die beiden auch zogen, sie bewegten ihn kein Quentchen.

Stefan begann, mit den Händen das Laub wegzuscharren. Pit half ihm. Schnell stießen sie auf eine Eisenfläche, auf die der Henkel geschmiedet war. Kein Pott. Was dann?

Mit den Händen konnten sie nicht graben. Also suchten sie sich Äste, die gesplittert waren. Mit denen polkten sie und gruben sie und hörten nicht auf, bis sie den runden Gegenstand fast freigelegt hatten. Der war halb so groß wie Stefan und wie Pit.

Auch jetzt war nicht daran zu denken, ihn zu bewegen.

„Was das wohl ist?" sagte Stefan.

„Ein Gewicht zum Wiegen!" antwortete Pit.

Stefan sah ihn zweifelnd an. „So schwere Menschen gibt es nicht!" sagte er. „Nicht Menschen, Wagen, Pferdewagen von früher, wenn sie Korn drauf hatten oder Zuckerrüben."

„Nee", Stefan schüttelte den Kopf. „Und wie ist der hierher gekommen? Weit und breit keine Waage, kein Feld, nur Wald und schon immer war hier Wald, sagen sie, nee, nee. Es ist ein Geheimnis."

„Ein Geheimnis", bestätigte Pit. Aber wie er das

sagte, glaubte er nicht daran. Das ärgerte Stefan, und er schwieg.

Sie einigten sich darauf, ihren Fund zu tarnen. So abseits vom Biebersteig würde niemand drauf kommen. Daß keiner stolperte, häuften sie Reisig darüber.

Sie schlugen den Weg zum Weststrand ein, überquerten den Müllergraben. Am Strand war kein Mensch. Sie hockten sich hin und wuschen sich. Die Hände reinigten sie mit Seesand. Das ging ganz gut.

Sie zogen auch Schuh und Strümpfe aus und wateten durchs Wasser. Später saßen sie und schauten aufs Meer. Ganz weit draußen zogen die Fähren von Rostock nach Trelleborg. Und links fuhren sie nach Swinemünde, das schon Polen war. Die Fähren ließen den Strelasund liegen und verschwanden, wenn sie auf Höhe des Leuchtturms von Zitzow waren.

Die Jungen redeten nicht. Jeder hing seinen Gedanken nach. Das war fast immer so. Sie schauten aufs Meer und bewegten sich nicht.

Manchmal erwischten sie den Seeadler bei der Jagd. Onkel Adam wußte, wo dessen Horst war. Aber er verriet den Standort mit keiner Silbe. Selbst Pit hatte versucht, Onkel Adam auszufragen. Er war ja der Ansicht, Stefans Onkel flunkerte wie ihm der Sinn stand. Onkel Adam blieb stumm wie eine Scholle auf dem Meeresgrund.

Als Stefan das in den Kopf kam, meldete sich sein Magen. Er hatte Hunger. Es war Kaffeezeit. Mutti hatte

Spätdienst in der kleinen Markthalle. Er dachte an Anja und was er ihr zugerufen hatte. Also erhob er sich. Pit stapfte ihm nach. Auch für Pit würde sich eine Stulle finden.

Den Biebersteig befuhren sie schnell wie der Wind. Aber das Riesengewicht hatte sich in Stefans Gedanken eingenistet.

Er wandte den Kopf, als er an der Stelle vorbeifuhr. Konnte es nicht sein, ein Riese hatte das Gewicht durch die Luft geschleudert, und es hatte sich in die Erde gerammt? Zu der Zeit als die Eiben von der Halbinsel verschwunden waren? Ein König Christian hatte sich in seinem Bett geräkelt. Meinetwegen an einem Morgen. Ihm war langweilig. Er hatte keine Lust zu irgendetwas. Da war sein Blick auf die Eibentäfelung gefallen, auf Decke und Wände seines Schlafgemachs. Daß da noch eine Speisekam-mer war, die nicht mit Eibenholz getäfelt gewesen.

Eiben hin, Insel hin, hatte er gedacht. Da will ich mein Zeichen setzen. Sie sollen noch in paar hundert Jahren an mich denken. Er hatte dem diensthabenden Hofzauberer geklingelt und hatte den Fall erklärt und befohlen: Mach was!

Der Zauberer ist ratlos durchs Schloß gelaufen. Am Ende sogar übern Schloßhof. In einer Ecke stand die königliche Pferdeschmiede. Da hatte er den Schmied beiseite geschoben und ihm den Blasebalg zugewiesen, ein Stück Erz genommen und ein gewaltiges Stück geschmiedet mit einem Henkel dran. Das hatte er in die Luft geschleudert Richtung Insel. Es war niedergesaust. Aber keiner hatte es bemerkt.

Dem König aber hatte er berichtet, alle Inselbewohner hätten flach auf dem Bauch gelegen vor lauter Schrecken und einen hätte es beinahe erschlagen.

Beinahe? hatte der König gefragt. Aber es klang nicht gefährlich. Denn der König saß beim Königsfrühstück und verspeiste gerade ein Straußenei. Und das schmeckte sehr gut.

Zu Anja sagte Stefan später: "Warum hast du uns kein Straußenei gekocht?" „Du spinnst mal wieder", hatte Anja geantwortet. Und Pit hatte dazu genickt.

DIE EWIGEN HUNDE IM FENSTER

Wer nicht Auf den Branden wohnte, konnte nicht sehen, was Pit sah: die Boddenwanderer. Es waren Fahrradwanderer. Sie unterschieden sich voneinander wie die Jungen aus Herrenshoop sich von denen am Bodden unterschieden.

Die Herrenshooper gaben mit ihren Sommergästen an wie eine Lore Affen. Die kamen in feinen Fahrrädern daher, Rädern mit Sechsgangschaltung und allerhand Schnickschnack. Dabei lag der Boddenweg ohne einen Anstieg. Er kostete kaum ein Quentchen Lungenatem.

„Die geben nur an mit ihren Gästen auf Rädern", vermutete Stefan und lehnte sein Rad an den Zaun.

„Das mein ich auch", antwortete Pit. Sie standen unter den Stockrosen, die wohl drei Meter Höhe erreicht hatten dies Jahr. Pit ging, den Schafbock umpflocken. Er achtete peinlich darauf, den Bock Benno immer an anderen Stellen der Hauswiese weiden zu lassen. Es ersparte Pit das Rasenmähen.

In diesem Jahr war er zum Rasenmähen eingeteilt worden. Vadder hatte gesagt: „Wer fast halb so groß ist wie unsere Stockrosen, der kann auch den Rasen mähen, nicht mein Jung?" Pit hatte genickt dazu. Was hätte er auch sagen sollen.

Stefan mähte längst den Rasen. Pit hatte ihm mehrmals geholfen dabei. Aber Benno fraß nur Kreise in den Rasen. Wichtig war, genau abzuzirkeln, daß auch die ganze Fläche vorm Haus gefressen wurde. Und das dauerte.

Pit hatte mit Stefan ausgerechnet, daß Benno mindestens vier Stunden brauchte, um einen Kreis ratzekahl zu fressen.

Und dann war da noch die Sache mit dem Strick. Benno ging immer nur in eine Richtung im Kreis. Damit verkürzte er den Strick, der an seinem Halsband befestigt war. Der Strick wickelte sich um den Pflock. Benno trug ein Halsband. Das hatte Pit eingeführt. Jedenfalls waren es gute Tage, wenn Benno wirklich alles abgegrast hatte.

„Und die Kötel?" fragte Stefan Pit.

„Guck dir doch an den Rasen, satt und grün, bester Dünger ist der, Mann!"

Darüber wollte Stefan mit Pit nicht streiten. Er zog seine Sportschuhe aus und polkte Bennos Kötel aus den Rillen der Schuhsohlen.

Die Häuser Auf den Branden waren nicht uralt, aber alt. Es waren weder Fischerhäuser noch Seefahrerhäuser.

Die Straße warf ein paar großzügige Bögen. Sie folgte in gemessenem Abstand dem Boddenufer. Sie führte bis zum Herrenhooper Schifferberg. Dann wand sie sich zum Althäger Hafen. Spaziergänger gab es auf dieser Straße selten.

Die Sommergäste radelten vorüber, als gehörten die

Häuser nicht zur Landschaft und nicht zum Dorf. Obwohl sie Reeddächer trugen und Hauszeichen.

Pits Haus hatte überm Dachfirst zwei Drachenköpfe aufgereckt. Vier eigentlich. An jeder Giebelseite zwei. Pits Vater hatte sie persönlich ausgesägt. Es waren schöne Köpfe mit langen, züngelnden Zungen. Oder waren es die Köpfe von Greifen?

Stefan schaute zur großen Gaube hinauf. Seine Schuhe hatte er wieder übergestreift. Die Gaubenfenster waren mit Geranien und bemalten Tontöpfen geschmückt.

„Habt ihr Sommergäste?" Pit wies statt einer Antwort auf das Schild am Gartentor. ZIMMER FREI, stand dort zu lesen.

„Komm", sagte Stefan, „ich zeig dir was." Mit den Rädern fuhren sie den Boddenweg bis zum Bollwerk, wo eben der „BÜLTENKIEKER" ablegte. Er hatte eine Ladung Fahrradwanderer ins Dorf gebracht. Die waren über den nahen Eisstand hergefallen. Man traf sie dann am Vormittag, wenn das Strandwetter sich verborgen hielt, überall. Sie bummelten durch die Straßen und blieben vor bestimmten Häusern stehen. Schilfgedeckten, jawohl. Nur mit dem Unterschied, daß die Türen der Häuser mit Sonnen geschmückt waren. Und in den Fenstergauben standen Porzellanhunde.

Porzellanhunde!

Stefan hatte mal einen Mann entdeckt, der mit einem großen Fotoapparat, dem ein einäugiges Fernrohr her-

auslugte, und einem Stativ still wie ein Stock stand und fotografierte. Der wollte gar nicht aufhören. Wartete die vorüberfahrenden Autos und Radler ab, auch Fußgänger.

Der war sehr geduldig. Er machte wohl zehn Fotos von einer Gaube mit Porzellanhunden. Und das dauerte mindestens eine Stunde.

„Was ist denn?" fragte Pit ungeduldig. Stefan war abgestiegen vom Rad und stand vor Scharmbecks Haus. Er zeigte zu der Gaube hoch.

Zwei Hunde standen dort. Ihre Gesichter waren der Straße zugewandt. Sie saßen auf der Hinterhand und sich gegenüber, aber sie blickten auf die Straße als zählten sie die Fremden im Dorf.

Bei Scharmbecks war das Schild ZIMMER FREI in ZIMMER BELEGT umgesteckt. Auf dem Hof standen zwei große Personenkraftwagen, einer davon mit dem Kennzeichen HB. „Aus Bremen sind die", sagte Stefan. Er hatte Pit nicht antworten wollen, denn er verfolgte seinen Plan.

Bei Kafkas hielt er wieder an. Und zeigte auf die Gauben mit den Porezellanhunden. Auch bei Kafkas waren die Zimmer belegt. Und bei Herzfelds und bei Eggerts und bei Sjöbergs und Peddersens. Alle hatten sie in den Gauben Porzellanhunde stehen. Und die Geranien waren so angeordnet, daß sie den Fotografen und den Sommergästen und den Hunden nicht den Blick verstellten.

„Verstehst?" fragte Stefan Pit. Der schüttelte erst den Kopf und tippte sich dann an die Stirn.

Zu Hause sagte Stefan außer Atem, denn sie waren die Dorfstraße nach Zitzow wie die Wilden gerast: „Es sind die Porzellanhunde, die mögen die Sommergäste. Sie gehen nur in Häuser mit Pozellanhunden. So ist das. Kannst nix machen dagegen."

Später saßen sie auf dem Steg und ließen die Beine ins Boddenwasser baumeln. Sie wollten angeln. Aber Stefan ließen die fehlenden Sommergäste in Pits Haus nicht los. „Sie fahren durchs Dorf und gucken sich die Häuser an. Und sie halten bei den Sonnentüren und den Porzellanhunden. Ist dir das nicht aufgefallen? Sie sagen dazu Kapitänshäuser und fotografieren sie, und zu Hause zeigen sie die Bilder und geben damit an. So!" sagte Stefan. „Die Leute sind komisch."

„Na, und ob. Zu Hause haben sie das nämlich nicht. Keine Spur Porzellanhund, sag ich dir. Onkel Adam sagt, das liegt an der Vergangenheit. Euer Haus hat keine Vergangenheit, sagt Onkel Adam. Deshalb."

Das war geflunkert. Onkel Adam hatte nichts von Pits Haus gesagt, das einmal ein Neubauernhaus gewesen war. Pits Großeltern waren Zugezogene. Das hatte sich schon lange vermischt. Aber sie hatten keine geschnitzte Sonnentür wie die meisten Häuser im Dorf, und sie zeigten keine Porzellanhunde in der Gaube.

„Mein Vadder sagt, das macht nur Arbeit mit den Sommergästen. Aber Mutter sagt, es können nicht genug sein, wo sie keine Arbeit mehr im Konsum hat."

„Siehste", antwortete Stefan.

Stefan dachte an Onkel Adam, der die Sommergäste durch den Darßwald fuhr. Er fuhr sie hierhin und dorthin. Den Sommer durch zum Leuchtturm von Zitzow, zum Großen Stern und zum Weststrand. Er hatte Bier dabei in einer Kühlkiste und Kaffee. Und wenn er abends fuhr, zeigte er auch mal eine Äsung. Da stand das Wild ein.

Onkel Adams Kutschwagen hatte ein Regen- oder Sonnendach. Und er erzählte den Fuhrgästen die Geschichte von den Porzellanhunden zum Beispiel. Daß die aus England stammen. Die Seefahrer, die Kapitäne von der Insel, hatten sie mitgebracht. Sie waren mit Holz und Getreide nach England gesegelt und hatten die Porzellanhunde als Andenken eingekauft.

Manche Hunde trugen blaue Schleifen. Die Engländer banden schon vor hundertfünfzig Jahren ihren Hunden Schleifen um den Hals, sagte Onkel Adam. Es sind Hundenarren, diese Engländer. Sie sind auch die Erfinder der Hunderennen. Sie wetten auf jeden und alles, die Engländer. Und die Segelschiffer haben die Porzellanhunde mitgebracht und die Türen.

„Warum denn die Türen?" Pit zog die Nase kraus. Er fitzte die Angelsehne auseinander, die sich mit Flott und Haken verheddert hatte. „So'n Schiet!" murmelte er. Er schaffte es nicht, das Sehnendurcheinander zu entwirren.

„Was hast'n da auch wieder gemacht!" schimpfte er dann. „Red nicht und hilf!" fügte er hinzu, denn Stefan hatte die Knie zu sich hochgezogen und mit den Armen umschlungen.

Er blickte versonnen über den Bodden nach Pütnitz hinüber. Überm Bodden stand eine große Haufenwolke. Die nahm gerade die Form einer Riesenkuh an. Auf der Riesenkuh saß Stefan eben und segelte nach England. Er folgte dem Lauf des Flusses, der Themse hieß, bis geradewegs nach London. Da stand auch mitten in Stadt der Turm, der BIG BEN heißt. Daneben war ein Geschäft mit Porzellanhunden. Mindestens hundert Hundepaare, weiße und goldene, ja auch goldene, mit grünen und gelben und roten und blauen Schleifen saßen im Schaufenster und blickten auf die große Street am BIG BEN.

Stefan zuckte zusammen, als Pit ihn anstieß. „Sie haben vom Törn auch die Türen mitgebracht. Wenn sie

Freiwache hatten, haben sie an der Tür geschnitzt auf den langen Fahrten. Es waren Matrosen oder Steuermänner, die noch nicht verheiratet waren, sagt Onkel Adam. Sie hatten kein Haus, aber eine Tür. Dann haben sie sich eine Frau gesucht und ein Haus gebaut. Die Tür hatten sie ja man schon."

„Die Türen hatten sie ja man schon", äffte Pit ihm nach.

Er hatte die Angelsehne endlich entwirrt. Seine Augen suchten das Senknetz, ein paar Köderfische zu fangen.

Was Stefan nur wieder zusammenspann. Was sollte das mit den ewigen Porzellanhunden in den Gauben und den Sonnentüren. Natürlich konnte sein Vadder eine solche Tür auch tischlern. Und eine Sonne raufleimen. Mit richtigen Strahlen. Meinetwegen noch mit einer Insel, über der die Sonne aufgeht. Die Sonne aufgeht, dachte er noch mal.

Dann ging ihm endlich auf, worüber Stefan nachdachte. „Formt die Töpferin auch Hunde?" fragte er.

„Nee, die macht nur Pött", antwortete Stefan gedehnt. Angebissen hat er, freute er sich. Ich lasse ihn noch ein bißchen zappeln. Und er war mit seinen Gedanken bereits bei dem großen Holzbottich, dem alten Waschzuber von seiner Urgroßmutter. Der trieb sich im Bootsschuppen herum, irgendwo unter altem Segelleinen. Und er rührte Zeitungspapierschnipsel, wie er es bei seiner Schwester Anja gesehen hatte. Sie hatte aus der Papier-Mehl-Kleister-Masse, da hatte sie Puppenkörper geknetet oder geformt. Für den Kunstkurs hatte sie kurz angebunden gesagt ... und daß du nichts anrührst davon! Am liebsten hätte er gleich begonnen.

„Wir müssen uns ein Bild von den Hunden besorgen", überlegte Pit. „Erst brauchen wir Zeitungen, Zeitungen und Zeitungen. Dann brauchen wir ein oder zwei Kilo Mehl. Und dann noch ..." ja, was dann noch? Er mußte Anja fragen.

„Meinst du, daß wir das hinkriegen?" Pit hatte die ersten Köderfische und ließ sie in den Gummieimer platschen. „Was sag ich meiner Mutter, wo wir die Hunde herhaben?"

„Aus England", antwortete Stefan, „woher denn sonst." Und seine Hände begannen in der Luft einen Hundekörper zu formen. Aber vielleicht war es auch der von einem Fisch. So genau war das nicht zu unterscheiden.

Auf jeden Fall würden die Sommergäste Auf den Branden Schlange stehen vor Pits Haus. Der Schafbock Benno würde sich an sie gewöhnen müssen. Er war angepflockt und zog seine Kreise als Rasenmäher.

Dann überfiel Stefan plötzlich der Schrecken. „Daß du ihnen nicht den Laufjungen machen mußt" sagte er schnell. „Wem?"

„Na, den Sommergästen. Sie wollen dies wissen, und lauf mal schnell dahin. Hast du nicht gesehen, fängt die Schule wieder an. Nur wegen der Porzellanhunde, die aus Zeitungspapier sind. Aber das wissen sie ja nicht."

„Noch haben wir sie nicht fertig", sagte Pit. Er konnte sich einfach nicht vorstellen, daß sie überhaupt einen Hund zustande brachten.

„Wir malen sie an", sagte Stefan.

„Na, denn man los", antwortete Pit und warf seine Angel aus. Er konnte nicht gut zeichnen. Sein Hund würde eher wie Benno aussehen. Wenn überhaupt. Deshalb sagte er: „Wir könnten doch was neues machen. Wir stellen Schafböcke ins Fenster. Die sitzen manchmal wie Hunde, auf dem Hintern."

Da begann Stefan zu lachen. Auch Pit mußte lachen. Sie sahen Benno zweimal oben in der Gaube sitzen. Und beide blökten, was das Zeug hielt. Sie sahen die Sommergäste ihre Fahrräder stoppen. Blökende Hunde in den Gauben - das war ihnen noch nicht vorgekommen.

DIE WEIDENHOLZFLÖTE

„Der Mensch stirbt so schnell nicht", sagte Frau Katin. „Wenn er aber stirbt, dann ist es eben Zeit, nicht wahr." Sie sagte es auf Hochdeutsch, und das mochte daran liegen, Stefans Mutter trug ihr Kostüm und hochhackige Schuhe.

Sie wollte in die Stadt. Hatte schon das Auto aus der Garage gefahren. Sie warf einen Blick zu beiden Gaubenfenstern, erst zu dem von Anjas Stube, dann zu Stefans Gaube. Stefan war unsichtbar. Er sprang wieder ins Bett. Das aber hatte sich abgekühlt. Es lud nicht mehr zum Schlafen.

Trotzdem streckte er sich darauf aus und überlegte: Über wen hatten sie gesprochen? Über Stefans Großvater? Der war im vergangenen Winter gestorben. Als Stefan aus der Schule gekommen war, lag der Großvater weiß und ernst auf seinem Bett und atmete nicht mehr. So hatte es ihm Anja erzählt. Denn man ließ Stefan nicht in Großvaters Zimmer. Später war die alte Frau Katin, die Nachbarin, gekommen. Dann Frau Scholz. Und immer dieses Wispern in der Diele.

Nach langer Zeit durfte Stefan den Großvater sehen. Er trug Schlips und Kragen und blankgewichste Schuhe und seinen dunklen Anzug. Seine Augen waren geschlossen, und sein Gesicht war eingefallen.

Stefan hatte geschluckt und geschluckt, weil Mutter ihm ihre Hände auf die Schultern legte. Da erst hatte er zu weinen begonnen. Die Mutter hatte ihn weggeführt.

Er war allein gewesen, der Großvater, als er starb. Niemand zu Hause. Er hatte in seinem Sessel gesessen, als es passierte. Stefan hatte immer wieder daran denken müssen.

Jetzt war er beim Großvater. Der saß mit dem Rücken an die sonnengewärmte Hauswand gelehnt. Er hielt ein Weidenholz in der linken Hand und klopfte mit dem Messergriff auf die Rinde. Dabei drehte er das Hölzchen hin und her. Sein Klopfen war behutsam.

„Was wird das, Großvater?" fragte Stefan. Der aber brummte nur und zog ein paar Rindenstücke vom Hölzchen. Er spuckte aus und führte das Holz an die Lippen. Er blies drei Töne. Es war eine Weidenholzflöte.

Die Weidenholzflöte hing an einem Nagel neben dem Türrahmen. Stefan nahm sie herunter. Eine dicke Staubschicht hatte sich auf das Hölzchen gesetzt. Er führte die Flöte zum Munde und hielt mit Daumen und Mittelfinger der rechten Hand zwei Löcher zu. Mit dem Daumen der linken Hand verdeckte er eine weitere Öffnung. Ein langgezogener dünner Ton war zu hören.

Stefan stand am Fenster mit seiner Flöte und sah, wie der graue Kater von Frau Katins zusammenzuckte, ein paar Sprünge tat und dann auf den Fenstersims des Nachbarhauses sprang.

Stefan blies noch einmal. Mirko drehte den Kopf und sicherte zu Stefan. Dann ließ er sich auf dem Sims nieder, als gehörte er zur Fensterdekoration. Den drei Blumentöpfen und der zurückgezogenen Gardine.

Stefan wog die Flöte in der Hand. Sie war federleicht. Rinde und Holz waren dunkel angelaufen. Er blies den Staub vom Holz, daß er ins Zimmer wirbelte und Stefan niesen mußte.

Stefan besaß eine Zauberflöte, denn wieder sah er den Großvater vor sich. Der hatte seine weiße Schirmmütze mit dem goldenen Anker auf und grüßte militärisch und fragte Stefan: „Na, min Jong, wulln wi gon?" Natürlich wollte Stefan.

Also zogen sie los. Mit den Fahrrädern. Immer am Bodden lang, dann über den Strom. Sie querten jene Stelle, an dem der Strom in die Ostsee gemündet war, was kaum einer wußte. Das war nach einer großen Sturmflut, daß der Strom nicht mehr in die See ging. Sie fuhren durch Wiesen, auf denen schottische Rinder weideten, zottige, braune Rinder. Die kannte Stefan. Aber die waren jetzt nicht wichtig. Sie fuhren zu Störtebeckers Versteck, zur Hertesburg.

„Nee", sagte Pit, „so war das nicht. Sie segelten in den Prerowstrom, weil sie verfolgt wurden. Sie kamen von Rügen her oder Hiddensee und hatten eine Stralsunder Kaufmannskogge ausgeraubt. Dabei hatten sie noch Glück. Denn Nebel kam auf, und da sind sie hier herein gesegelt. Und weg waren sie."

Pit hat keine Ahnung davon, dachte Stefan. Er fühlte aber, daß er nicht widersprechen durfte. Pit hatte sein Sonntagsallwissendgesicht aufgesetzt. Das duldete keine Gegenrede. Am wenigsten von Stefan. Der sollte man lieber den Mund halten. Wie der auch immer träumte. Damit wußte er alles anders, mit seinen Träumen. Jedenfalls glaubte das Pit, und so schwieg Stefan fein still.

Sie fuhren nebeneinander. Jeder hatte eine Spur. Traktoren und PKW hatten Bahnen durch die Wiese gezogen. Die schlängelten sich weithin. Voraus war der Strom, dahinter die Insel, dann der Bodden bis Barth hin und links, noch ein Weilchen, das Wäldchen. Darin hatte die Hertesburg gestanden.

„Mit meinem Großvater war ich hier", sagte Stefan.

„So", sagte Pit nur. Dann rief er: „Siehst du die Kirr schon?"

Das ist ja nun was ganz anderes, die Kirr, sagte sich Stefan. Warum will er nicht, daß ich was zu Störtebecker sage?

Die Kirr, die Kirr! Da waren Rinder drauf das ganze Jahr und ein paar Pferde. Eine flache Insel eben, wo keiner anlanden darf. Denn sie ist Schutzgebiet für Gänse und Schnepfen und das alles. Die Rinder bleiben abgezählt. Keines mehr und keines weniger. Die Grünen waren streng.

Die Kirr war langweilig. „Ich möcht schon mal auf die Kirr", sagte Stefan aber doch. Er war abgestiegen, weil er nicht durch die Pfütze fahren wollte, die sich eben auftat. So ein Loch, in dem das Regenwasser steht und steht.

„Mein Großvater hat mir eine Flöte aus Weidenholz geschnitten. Das ging ruck und zuck."

„Hat er darauf gespielt, Lieder?"

„Weiß nicht", antwortete Stefan. Und dann sagte er: „Signale hat er damit geflötet, wie der Ausguck von Störtebecker. Der stand im Mastkorb, und wenn es stürmte, blies er auf der Flöte: Da segelt eine Kaufmannskogge aus Stralsund! Dort ist Land in Sicht!"

„Du spinnst", stellte Pit fest „der Ausguck hat gerufen, gerufen!" Wie konnte dein Großvater die Signale von Störtebecker kennen?" fragte er hinterher.

Stefan legte sein Fahrrad in die Wiese. Er richtete sich auf und stemmte die Arme in die Hüften. „Sie sind den Prerowstrom abgesegelt und haben hier angelegt mit ihren Schätzen. Kein Stein findest du mehr von der Burg. Alles versunken! Graben müßten wir, graben, nach den Schätzen und der Burg!"

„Graben wie Archäologen", wiederholte Pit. Das Wort Archäologe sagte er gedehnt, jeden Laut betonte er. Es hörte sich sehr gut an, das schwere Wort.

Stefan biß sich auf die Lippen. Pit hatte aufgeholt. Er wußte Bescheid. Sollte Stefan jetzt sagen, daß die Vitalienbrüder, die Likedeeler, die Gleichteiler, keine Steinburg bauten, sondern Holzhäuser, die sie mit

Palisaden aus Holz umgeben hatten? Oben spitz und unten spitz. Einen Turm hatten sie gebaut wie einen Ausguck. Aus Holz auch. Erlenholz haben sie genommen. Immer schon haben Erlen hier gestanden, denn der Prerowstrom war auch ein Sumpf oder so. Erlen mögen nasse Füße, hat Großvater gesagt. Aber wo kommen die Weiden für eine Flöte aus Weidenholz her?

Stefan sah sich um. Er fand kein Weidengestrüpp. Kopfweiden gab es landwärts, weg von der Insel. Jedenfalls hatte er keine gesehen bisher. Oder sie waren ihm nicht aufgefallen. Auf jeden Fall war Pit mit Störtebecker im Bilde. Den überraschte nichts mehr.

Stefan strampelte hinter seinem Freund her. Pit fuhr den Weg an dem kleinen Hotel vorbei, das den Namen des Piraten Störtebecker seit kurzer Zeit trug. „Räubersteak", las er laut vor und „Störtebebeckersuppe", „Koggenschnitzel" und „Räuberbrauteis". Das stand auf einem schwarzen Schild. So'n Schiet, wer darauf reinfiel!

Später saßen sie am Strom und warteten auf das Kegelrobbenpärchen. Vor zwei Jahren war es im Strom angesiedelt worden. Mehrmals hatten sie es vom Schiff aus gesehen. Aber nur abends gegen Achte oder Neune. Es war still. Irgendwo zankten die Rallen im Schilf.

Stefan zog seine Weidenholzflöte aus der Anoraktasche. Er blies mühelos drei Töne. Weit trug es die Töne übers Schilf bis zur Kirr. Sie konnten das nicht sehen, aber die weidenden Rinder auf der Kirr hoben die Köpfe. Nicht alle, aber einige.

„Störtebeker kannte noch kein Steak mit mexikanischer Soße, und Frauen haben sie auch nicht dabei gehabt auf ihren Schiffen", sagte Pit.

„Woher willst du das wissen?"

„Ich weiß es", antwortete Pit. „Dein Großvater hat es mir erzählt. Einmal, als du nicht zu Hause warst. Da saß er unter der Linde und schnippelte an einem Weidenstock, so daumendick. Daß das eine Flöte wird, hab ich nicht geahnt.

Und er hat mir erzählt, daß Störtebecker hinterlistig war. Ein richtiger Räuber. Wenn Schiffe sich der Küste näherten und in Not waren, hat er den Kühen Strohbüschel an die Schwänze gebunden und sie angesteckt in der Nacht. Als wären Helfer da für die Schiffbrüchigen. Die Kühe sind hin- und hergerannt und haben vorgetäuscht. Ich hab damals auf dich gewartet und gewartet. Da hab ich ihn ausgefragt über Störtebecker. Und er hat es erzählt."

„Aber geteilt haben sie alles mit den Leuten", sagte Stefan heftig. Und dann dachte er an den Großvater, an dessen große Hände, an das Schnitzmesser. Ach, Großvater! Stefan fühlte, daß es in der Brust einen Stich gab. Er griff sich die Weidenholzflöte und blies drei Töne. Jeden Ton zog er lang. Sie klangen weich und schön. Ob das denn die Kegelrobben gehört hatten, ist schwer zu sagen. Aber sie tauchten auf als hätten sie auf Stefans Flötentöne nur gewartet. Und verschwanden wieder. Wie das Robben so tun.

DER ALTE TONNENKÖNIG

Am frühen Morgen saugte sich das Dorf mit Autos voll. Sie kamen von Herrenshoop her und von Barth und von wer weiß wo. Man hatte auf der Bullenwiese einen Parkplatz eingerichtet. Stefan sah die weißbehemdeten Männer aus dem Dorf die Autos einweisen. Die Männer hatten blauweiße Schärpen über die Brust gelegt, die an der linken Seite in Gürtelhöhe verknotet waren. Nur Onkel Adam trug eine Schiffermütze.

Stefan konnte ihn gut ausmachen von weitem. Onkel Adam war etwas krummbeinig und hatte seine Reiterstiefel an. Komisch, dachte er, warum ist Onkel Adam nicht auf dem Festplatz?

Stefan legte sein Fernglas ab. Ein gutes Glas. Er hatte es sich zu Weihnachten gewünscht. Sein Wunsch war von Vater erfüllt worden. Oft lehnte sich Stefan über die Fensterbank und sah weit ins Dorf hinein. Bis zum Denkmal für die Kriegstoten konnte er schauen und weiter noch bis zur Schifferkirche, die auf einem Hügel stand. Sie lag abseits vom Dorf und war ganz aus Holz errichtet. Rechts daneben der Friedhof, auf dem Großvater beerdigt worden war. Ringsherum Pferdekoppeln. Aber die waren leer und Festwiese geworden.

Einmal im Jahr, am ersten Augustsonntag, wurden die Koppeln Festwiese. Aber das war jetzt nicht wichtig. Onkel Adam wies am Dorfrand die Autos ein, damit sie die Dorfstraßen für den Umzug nicht verstopften. Der war ingange. Aber ohne Onkel Adam und ohne Vadder.

Das war ja nun wieder ein Ding gewesen, wo Vadder doch versprochen hatte, am ersten Augustsonntag zu Hause zu sein. Mitreiten hatte er wollen und Tonnenkönig werden. Jedes Jahr versprach er das. Und nie klappte es. Er schipperte irgendwo im Ärmelkanal herum. Das war zwischen England und Frankreich und Holland, wußte Stefan. Er hatte sich das auf der Karte angesehen, die Vadder geschickt hatte. Die Karte war ein Trick. Sein Vater hatte eine englische Karte in Tunis abgeschickt. Und Tunis lag am Mittelmeer.

Warum war Onkel Adam nicht auf dem Festplatz? Eine vertrackte Frage. Onkel Adam war der alte Tonnenkönig. Der vom Vorjahr.

Das war ein Sieg gewesen! Der Kampf hatte länger gedauert als üblich. Drei Stunden waren die Reiter gegen die Tonne angeritten. Die Tischler hatten immer besonders hartes Holz für die Tonne genommen. Aber diesmal hatten die Ringe um die Heringstonne eisenfest gesessen. Und der letzte Stäben war erst nach zweieinhalb Stunden abgeschlagen.

Die Pferde waren schweißnaß. Vor ihren Mäulern stand Schaum. Die Reiter waren schweißnaß. Einer der wildesten Reiter, Jochen Kamper, hatte sich nach einem verfehlten Schlag selbst aus dem Sattel gehoben. Das hatte ihn vom Pferd geschleudert. Die Gaffer hatten aufgeschrien. Aber Jochen Kamper war wieder aufgestiegen, obwohl sein rechtes Schlüsselbein gebrochen war. Stellte der Arzt am Abend beim Bier fest.

Die Reiter hatten eine zweite Pause eingelegt. Das war noch nie vorgekommen. Nur das Deckelkreuz von der Tonne hatte noch am Tau gebaumelt. Das Tau hing verdächtig hoch. Die Reiter hatten sich aus dem Sattel heben müssen.

Viele der Schläge hatten schwach getroffen. Spähnchenweise nur ließ sich das Holz abschlagen. Die Schlagkraft war dahin. Bis dann Onkel Adam den letzten Schlag führte und Tonnenkönig wurde. Da war ein Teil der Besucher schon heimwärts gewandert. Die Sommergäste hatten keine Geduld gehabt. So war das gewesen.

Onkel Adam blieb schweigsam, als Stefan sich den Schmuck des Tonnenkönigs anschaute in der guten Stube. Onkel Adam hatte dabei gesessen und nix gesagt. Irgendwas war vorgefallen. Aber darauf war

Stefan erst spät gekommen. Jetzt spukte es ihm wieder im Kopf herum.

Er sah das schwere Gehänge, das jedes Jahr zum neuen Tonnenkönig wechselte, vor sich. Es bestand aus Ketten. An die waren viele Schildchen montiert. Auf den Schildchen stand das Jahr, in dem einer Tonnenkönig geworden war. Das Gehänge wog zwei Pfund, mindestens. Und es war schön. Aber Onkel Adam hatte seine Würde aus Silber nicht angelegt. So sehr Stefan auch gebeten hatte, es zu tun. Seltsam, seltsam.

Es war Zeit zu gehen. Stefan verzichtete aufs Fahrrad. Dann dachte er an Pit, der von den Branden kam. Der hatte einen weiten Weg und würde mit dem Fahrrad zur Festwiese kommen. Also sattelte Stefan sein Fahrradpferd und machte los.

Er fand Onkel Adam verschwitzt und mürrisch beim Autoeinweisen. Er holte ihm ungefragt ein Bier aus dem Festzelt. „Für Onkel Adam", sagte er nur. Und das Bier reichte Stefans Mutter, die dort aushalf. „Jetzt kommst du erst?" fragte sie ihn und pustete sich eine Haarsträhne aus der Stirn.

Mutter trug eine weiße Schürze. Sie hantierte flink hinterm Tresen. Schnell fuhr sie Stefan mit der rechten Hand durchs Strubbelhaar. „Komm nachher etwas essen", rief sie ihm nach. Aber das hörte Stefan nicht mehr. Er führte sein Fahrrad mit der Rechten. Er schaute auf die hohe Schaumkrone. Die war kaum in sich zusammengesunken, als er bei Onkel Adam eintraf. „Das ist man was", sagte der nur und trank die Hälfte in einem Zug. „Warum reitest du nicht mit?"

Stefan hockte sich ins Gras. Der Autozustrom war verebbt. Onkel Adam setzte sich zu Stefan, antwortete aber nicht. „Jedes Jahr bist du geritten, Onkel Adam."

„Lot man", antwortet der und nippte an seinem Glas und hatte wohl keine Freude mehr am Bier. Auch das war seltsam, fand Stefan.

„Warst früh nicht beim Umzug?" fragte er den Onkel. Der schüttelte den Kopf und trank dann sein Glas mit einem langen Zug aus, als hätte er sich darauf besonnen, doch Durst zu haben. „Ich hol man mein Gespann", sagte er und reichte Stefan das leere Glas.

Das Gespann. Die Pferde standen noch angeschirrt im Schatten der Erlenreihe. Onkel Adam hatte sie wohl versorgt. Es waren keine Reitpferde. Onkel Adam hatte immer eines der Pferde von Jochen Kamper geritten. Immer. Auf dem Falben war er König geworden.

„Hast ein Bier für dich abgezweigt?" Pit schnipste gegen das geleerte Glas. „Guckst nicht zu, was?" sagte er dann, als Stefan nicht antwortete. Stefan winkte ab. Er sah seinen Onkel die Pferde wegführen. Onkel Adam ging nun nach Hause. Und das war ein ernster Zwischenfall.

„Ich muß nachdenken", erklärte Stefan.

Pit starrte auf sein Fahrrad. „Mit dir ist nichts los", stellte er fest. Er hob sein Fahrrad auf. Das blitzte und blinkte wie für den Sonntag geputzt. „Er hat einen Dusel gehabt, sagt mein Vater. Dein Onkel Adam hatte noch nie gewonnen. Und vergangenes Jahr hat er eben einen Dusel gehabt."

„Wer gewinnt, muß immer Glück haben", antwortete Stefan. Er blinzelte gegen die Sonne und schirmte seine Augen mit beiden Händen ab. „Und warum reitet er heute nicht?"

„Weiß ich doch nicht, du Dämel!" rief Stefan plötzlich. Er reckte sich hoch. Da tippte ihn Pit von oben herab an, und Stefan fiel nach hinten ins Gras. Er wurde rot im Gesicht und wollte aufspringen. Da war Pit auf seinem Rad schon davon.

„Wir sprechen uns noch!" rief Stefan ihm nach. Aber ob Pit das gehört hatte.

Der Sonntag war verpatzt. Und alles wegen Onkel Adam. Langsam stand Stefan auf. In Zeitlupe. Er federte auf den Fußsohlen, daß die Turnschuhe sich spannten. Was hatte Pit behauptet, Onkel Adam hat einen Dusel gehabt? Wenn Pits Vater das behauptete hatte, wer behauptete es noch?

Stefan versuchte zu begreifen, warum sein Onkel nicht angetreten war. Was war ein Dusel? Doch Glück! Mehr nicht und weniger nicht.

Plötzlich kam Stefan die Reiterei um die Tonne albern vor. Aber warum ärgerte es ihn, daß sein eigener Vater nicht mitritt? Immer war der auf See. Immer versprach der nur. War nicht Stefans Großvater

Tonnenkönig geworden, und das mehrmals? Hingen die Bilder von den frühen Ereignissen umsonst in der Küchenveranda? Wie oft hatte Stefan sie sich angesehen! Großvater, Vater, Onkel, und er, Stefan, würde auch eines Tages Tonnenkönig sein. Nach seinem Vater. Dessen Ritt aber fehlte in der Gliederkette. Stefan schwang sich aufs Fahrrad und radelte in die Moorwiesen. Zu Tante Grete.

Tante Grete empfing ihn freundlich. Sie war vom Festplatz zurück und bereitete das Abendbrot. Sie wies mit dem Messer in Richtung Garten. Da stampfte Onkel Adam herum und besah sich reife Tomaten als wären es Goldstücke. Er vermied es, zum Haus zu blicken.

„Er ist man brägenklütrig heut", sagte Tante Grete. „Ich will nur fix was zu essen machen, und dann ab. Ich laß mir doch die Laune nicht verderben, wo heute Tanz ist." Sie sagte es ganz gelassen, eher beiläufig. Doch Stefan schmeckte den Rauch in der Luft. Es brannte in Onkel Adams Haus. Und zwar lichterloh.

Tante Grete mußte reden, wenn sie etwas tat. Und da sie immer etwas tat, redete sie auch immer. Darauf setzte Stefan. Er würde nach Hause kommen und die Wahrheit mitbringen über Onkel Adams Gnatz. Und ein gutes Abendbrot hätte er auch im Bauch.

„Magst Spiegelei?" fragte die Tante auch schon. Stefan saß am Küchentisch. Er sah Onkel Adams Schatten am Fenster. „Dein Onkel", hub Tante Grete an und feuerte dabei das Küchenmesser übern Wetzstein „dein Onkel Adam nimmt übel. Seine Tonnenbrüder haben ihn aufgezogen das ganze Jahr. Wie das eben so ist. Köm hat er getrunken, sagen sie. Erst der Köm hat seine Keule an die Tonne gelenkt, sagen sie. Und er war so frei, sich zu ärgern.

Nur eingelegte Gurken hab ich gegessen, hat dein Onkel geantwortet. Nicht einen Tropfen! Wenn ich aufs Pferd steig, nicht einen Tropfen! Ja, das sagt er, mein Jung. Und nun mach was mit ihm. Er nimmt übel." Tante Gretes Stimme war während ihrer Rede angeschwollen. Sie schnellte in die Höhe. Das letzte Wort, es war das Wort „übel", hatte einen hohen Sington.

„Köm also", sagte Stefan. Köm war der Dusel. „Köm ist der Deibel!" sagte Stefan und schaute dabei seiner Tante ins Gesicht. Die verzog ihren Mund zu einem Lachen.

„Köm ist für die Tonnenbrüder Milch", antwortete sie immer noch lachend und tippte ihm mit dem großen Brotmesser auf den Kopf. „Laß den Jungen nicht alleine essen!" rief sie durch die Tür. „Ich geh jetzt", sagte sie, als Onkel Adam über seinen Teller gebeugt ins Setzei stach mit der Gabel. Und sie ging.

„Köm" brummelte der Onkel und begann mit Lust zu essen. „Du mußt nicht alles glauben, was Tante Grete sagt. Ich hab nur eingelegte Gurkenhälften gegessen und Schmalzstulle zwischendurch, und vielleicht ein

Bier hab ich getrunken. Das ist ein Jahr her fast auf den Tag." Er war jetzt mit dem zweiten Setzei beschäftigt und holte das Gelbe mit einer Brotrinde heraus.

„Dann hättest du auch mitreiten können, Onkel Adam", sagte Stefan langsam.

„Hätte ich", antwortete der. „Aber ich habs im Kreuz, weißt du." Und er langte wirklich mit dem linken Arm nach hinten auf seinen Rücken und ächzte zum Gotterbarmen.

Er hätte Stefan leid tun können. Aber Stefan sah das Funkeln in den Augen seines Onkels. Er spähte nach der Flasche mit Köm, die nirgends zu sehen war. Auf dem linken Küchenbort hatte sie immer gestanden. Da war eine leere Stelle.

Stefan war sich nicht sicher, wer hier flunkerte. Die Tante, der Onkel oder der Vater von Pit oder alle, die gegen die Tonne anritten am ersten Augustsonntag jedes Jahr.

Morgen würde er Pit ein wenig aus dem Anzug stoßen. Wenn der es nicht erwartete. Und dann würden sie sich den Fall Onkel Adam noch mal vornehmen. Soviel war sicher: Onkel Adam war der alte Tonnenkönig. Und der neue würde jetzt schon feststehen. „Jochen Kamper wird heute den Dusel haben", sagte er zu Onkel Adam. Der zuckte mit den Schultern als ginge ihn das nichts an. Lange starrte der Onkel an die Küchendecke. Da tanzten ein Dutzend Fliegen um den Leimköder.

„Kann sein, du hast Recht, Stefan. Aber nur mit dem Falben, den hab ich mal eingeritten." Er hat den Falben geritten, das stimmte. Aber eingeritten? Er konnte sich nicht daran erinnern.

Stefan verstand nun überhaupt nichts mehr. Deshalb beschloß er, die krause Gedankenwelt von Onkel Adam zu verlassen. Er stellte das Geschirr noch in den Abwasch, wischte den Tisch ab. Onkel Adam sah ihm zu.

Zum Abschied sagte der Onkel: „Dein Vater hat es von allen am besten. Immer, wenn Tonnenreiten ist, schwimmt er irgendwo rum. Wenn mir etwas peinlich ist, min Jung, dann ist es mein Herr Bruder. Der kneift nämlich. Diese Last liegt immer auf mir, nur auf mir! Verstehst du das?"

„Nee, nee", antwortete Stefan und machte, daß er weg kam. Er beschloß, nie wieder auf Onkel Adams Tonnenkönigswürde zurückzukommen. Aber das war leicht gesagt.

… und noch ganz andere Geschichten

KULLE

Vater sitzt auf dem Vaterstuhl und liest Zeitung. Er hat Kulle den Kopf gestrubbelt. Er hat ihn hochgehoben wie immer. Er hat ihn hochgehoben und gewogen. Mit beiden Armen tut er das.

Kulle ist gewachsen. Er hat zugenommen. Das kommt vom Schokoladenpudding mit Vanillesoße. Schokoladenpudding ißt Kulle für sein Leben gern. Leben, hat Vater gesagt, ist Wachsen und Zunehmen. Das gefällt Kulle. Er ißt Stulle mit Käse und Wurst und Pudding, und er wächst.

Aber Vater sitzt und liest Zeitung. Keinen Blick mehr hat er für Kulle. Dabei scheint die Sonne. Sie können vor die Tür gehen. Sie können sich den Ball nehmen. Es zuckt in Kulles Füßen. Er hat heute Fußball gespielt. Fußball ist so schön wie Pudding essen.

Sie haben in der Straße Fußball gespielt. Ihre Straße ist eine Spielstraße. Kulle hat ein Tor geschossen. Weil er im Garten geübt hat. Allein. Sein Tor sind zwei kleine Fichten. Er hat zweimal zwischen die Fichten getroffen. Aber sein Ball ist weich. Es ist ein Gummiball. Er will einen Fußball haben.

Sie haben einen richtigen Fußball gehabt auf der Straße. Er hat den harten Ball gespürt. Er hat ihn ins Tor geschossen. Das will er Vater sagen.

Der aber hat ihn nicht zu Wort kommen lassen. Er hat ihn nicht einmal gefragt: „Geht es gut, mein Kulle?" Das fragt er sonst jeden Tag. Aber gestern hat er nicht gefragt, vorgestern nicht und den Tag zuvor auch nicht.

Wenn Vater liest, ist er nicht da. Weder bei Mutti ist er noch bei Kulle. Und was liest Vater? Kulle weiß es nicht. Vater sitzt im Vaterstuhl und ist abwesend. Das Wort *abwesend* hat Kulle schon gehört. Seine Mutter hat es gesagt: „Der Vater ist abwesend!"

Vor einer Woche war noch alles anders. Da hat er Kulle die Hand gegeben und gesagt: „Einen Händedruck hast du, Kulle, mein lieber Mann!" Kulle weiß das. Er hat einen Nagel in ein Brett geschlagen. Er hat den Hammer in die rechte Hand genommen und den Nagel ins Brett getrieben. Das Brett verschließt eine Kiste mit alten Spielsachen. Ob sich Vater daran erinnert? An Kulles festen Händedruck und den Hammerschlag?

Was liest Vater?

Kulle holt sich die Fußbank. Er stellt sie hinter den Vaterstuhl. Das ist ein alter Stuhl. Er hat eine hohe Rückenlehne und wuchtige Armlehnen. Kulle verschwindet in dem Stuhl, wenn er sich hineinsetzt. Sitzt er wie Vater in dem Stuhl, dann streichelt er die Löwenköpfe. Die Löwenköpfe am Ende der Armlehnen haben Mähnen wie richtige Löwen sie haben. Ihre Mäuler sind geöffnet. Es sieht aus als gähnten sie.

Kulle steigt auf die Fußbank und schaut Vater über die Schulter. Er schaut in die Zeitung. Er sieht eine dicke Balkenschrift. Er beschaut den einen Balken, dann einen anderen. Da ist ein besonders großer Balken. Der bewegt sich plötzlich wie eine Welle. Oder wie eine Schlange. Wie die Ringelnatter, die er neulich im Garten überrascht hat. Sie sonnte sich auf einem Stein. Die Balkenschlange bewegt sich. Und Kulle wird ganz heiß im Kopf.

Der Schlangenbalken will ihm aus dem Kopf entschwinden. Das läßt Kulle nicht zu. So heiß sein Kopf auch ist. Er saugt sich fest an ihr. Vor Schlangen muß einer keine Bange haben. Kulle doch nicht! Deshalb sagt er: „MANN FIEL IN SCHAUFENSTERSCHEIBE!"

„Was ist?" fragt Vater, ohne den Blick von der Zeitung zu wenden.

Kulle wiederholt, was er in der Zeitung als lebendige Schlange gesehen hat: „MANN FIEL IN SCHAUFENSTERSCHEIBE!" „Hat er davon eine Beule bekommen, Vati?"

Jetzt legt Vater die Zeitung in den Schoß. „Wo fiel ein Mann in eine Scheibe?"

„Na, da!" antwortet Kulle und weist auf den Balken, der sich wieder beruhigt hat und stille liegt. Kulle muß sich weit vorbeugen, um mit dem Finger darauf zu tippen. Die Fußbank schurrt und kippelt unter seinen Füßen. Vater folgt Kulles Finger.

„Stimmt", sagt er und liest weiter.

Er schlägt das Zeitungsblatt um und sagt noch: „Der Mann hat sich nichts getan". Und liest weiter und hat Kulle vergessen.

Kulles Blick sucht einen nächsten Schlangenbalken. Der beginnt wie beim ersten Mal zu zucken. Ja, er will sich kringeln. Er kriecht geradewegs in Kulles Augen. Kulle sagt: „AUTOMARDER SCHLUGEN WIEDER ZU! WIE WIR ERFAHREN HABEN ..."

Vaters Kopf zuckt nach rechts. Den Balken hat er gefunden, den Kulle eben abgeguckt hat aus der Zeitung. Leise sagt er: „Der Junge hat Fieber. Der Junge hat Fieber." Dann schreit er: „Bärbel, bei Kulle stimmt was nicht!"

Kulle steht auf der Fußbank und kippelt. Seine Augen funkeln sehr freundlich. Vaters Geschrei macht ihn nicht heiß. Vater schreit immer mal. Kulle hat zwei Balken als Buchstaben erkannt. Vater aber behauptet, Kulle hat Fieber. So ein Unsinn! Kulles Kopf ist heiß. Das stimmt. Er hat aber den hellen Blick.

Alle schauen ihn an: der Vater mit der zerdrückten Zeitung in der Hand. Der Vaterstuhl mit den Löwenköpfen. Auch Mutter, die jetzt in der Küchentür steht und sich erschrocken Luft zufächelt. Sie starrt Kulle unverwandt an. „Das hier hat er gelesen!" ruft

Vater. „Das hier! Ich werd noch mal verrückt in diesem Haus! Der Junge liest Zeitung! Einfach so! Das gibt's doch nicht!"

Mutter bückt sich. Das tut sie, wenn sich Kulle die Knie aufgeschrammt hat. Sie hockt vor ihm und breitet die Arme aus wie eine Glucke die Flügel. Kulle aber ist der Prinz und schaut zu ihr herunter auf ihren Bubikopf mit den zwei Haarwirbeln.

„Mein armer Junge", sagt Mutter und umarmt seine Beine. Kulles Kopf ist wirklich heiß. Ein wenig pocht es darin. Aber krank ist er nicht. Er kann nur plötzlich lesen. Die Wortschlangen sind in seinen Augen lebendig geworden.

Er nimmt Vaters Zeitung an sich und liest laut vor: „DER BUNDESKANZLER IST IN PARIS EINGETROFFEN", „FRAU OHNE ANHANG SUCHT JUNGEN MANN FÜR GEMEINSAMEN URLAUB UND ALLEN SPASS", liest er.

„Das gibt's nicht!" sagt jetzt auch Kulles Mutter. Sie hat sich aufgerichtet und hält sich nun den Mund zu.

„Ich rufe den Arzt an", sagt Vater entschlossen. Mutter faßt Kulle bei den Schultern und schiebt ihn sanft aus dem Zimmer dem Bad zu. Kulle fühlt, seine Mutter zittert. Das tut Kulle leid. Er möchte ihr etwas sagen. Er kann es nicht. Wem ist etwas geschehen? überlegt Kulle. Dem Bundeskanzler in Paris doch nicht. Dem Mann in der Scheibe auch nicht. Der Frau ohne Anhang vielleicht?

Kulle hat keine Zeit, darüber nachzudenken. Er muß sich ausziehen. Er muß sich waschen. Er muß den Schlafanzug überstreifen. Er muß ins Bett, während der Vater telefoniert. Kulle wird dann wohl auch eingeschlafen sein. Auf jeden Fall wird er wach, weil eine Hand auf seiner Stirn liegt.

Es ist die Hand von Doktor Bangemann. Aber der heißt nur so. Die Hand und den Doktor kennt Kulle. Und er hält es für eine gute Idee, nach einiger Zeit die Augen zu öffnen.

Doktor Bangemann sitzt an seinem Bett. Er blinzelt Kulle zu. Eine Falte auf der Stirn sagt Kulle, Doktor Bangemann denkt nach. ‚Alle Erwachsenen verlassen das Zimmer des Kranken!" bestimmt er. Mutter und Vater wenden die Gesichter der Tür zu. Sie schließen die Tür sehr leise. „Also, du kannst plötzlich lesen"; stellt der Doktor fest. Kulle nickt.

„Kannst du das hier lesen?" Der Doktor hält ihm ein dickes Buch vor die Nase. „KINDERKRANKHEITEN", liest Kulle laut vor, „EIN HANDBUCH FÜR KINDERÄRZTE."

„So, ein Buch für Kinderärzte", sagt Doktor Bangemann. Ich hab lange nicht hineingeschaut. Nun aber heraus mit der Sprache, Kulle! Warum kannst du plötzlich lesen?"

„Ich habe keinen richtigen Fußball", antwortet Kulle ohne zu zögern. Weil das aber nur die halbe Wahrheit ist und die ganze her muß, fügt er hinzu: "Er guckt nicht nach links, und er guckt nicht nach rechts, wenn er nach Hause kommt. Er sieht mich nicht mehr, Herr Doktor Bangemann!"

„Das ist ein schwerer Fall", antwortet der Doktor. Sie schauen sich in die Augen. Sie tun es lange. Jeder hält den Blick des anderen aus. Dann zieht der Doktor einen Schreibblock aus der Tasche. „Erwachsene reinkommen!" befiehlt er.

Mutter und Vater erscheinen auf der Stelle. Sie haben doch nicht etwa an der Tür gelauscht? Doktor Bangemann reicht dem Vater den Zettel. „Das Rezept morgen besorgen", verlangt er. „Die Medizin ist sofort zu verabreichen", sagt er. Zu Kulle sagt er: „Du kannst morgen aufstehen." Und dann geht er.

Kulles Vater aber steht stumm. Er liest den Zettel. Er liest ihn einmal, er liest ihn zweimal und noch mal. Wollt ihr wissen, was Doktor Bangemann in sein

Rezept geschrieben hat? Wollt ihr das wirklich wissen? "Fußball für Kulle kaufen und nach Feierabend dreißig Minuten Fußball spielen! Jeden Tag!"

WILLY MIT YPSILON HINTEN

Erst seit ich in der neuen Schule bin, gibt es in meiner Klasse einen, der Willy heißt. Und das bin ich. In der ganzen großen Schule gibt es keinen Willy. Nur mich. Und darauf bin ich stolz.

Vor ein paar Wochen aber war das ganz anders. Da waren wir noch nicht umgezogen. Da hatte mein Papa noch keine Arbeit. Da lebte mein großer Bruder noch bei uns. Der heißt Robert. Er wird Koch und lernt in einem Hotel in Heidelberg. In Heidelberg soll es ein altes Schloß geben. Das steht über einem Fluß auf Felsen und ist eine Ruine. Mein Bruder Robert lernt Koch in Heidelberg. Er bekam eine Lehrstelle, und mein Vater bekam Arbeit. Da zogen wir um.

Ich heiße Willy. Andere Jungen heißen Sven und Steffen und Sascha und Roger und Thomas. Mich nannten sie zu Hause aber nicht Willy, sondern Knuddel. Meine Mutter hat mal gesagt, daß sie einen Hund wollten zum Knuddeln. Und weil das in der kleinen Wohnung nicht ging mit einem Hund, nahmen sie mich und nannten mich Knuddel. So hieß ich im Kindergarten, so hieß ich in der ersten Klasse und auch in der zweiten.

Es gibt Bilder von mir wie ich ein Baby war. „Höhe wie Breite", sagt mein Vater, wenn er die Fotografien sieht. Damit meint er mich. Auch ich gucke mir die Bilder an. Ich sehe merkwürdig aus. Mutti sagt, er - das bin ich - hatte wunderschöne Strampler an. Sie sind blau. Es ist ein Farbfoto. Und es hat mich immer geärgert, wenn sie mich Knuddel nannten. Bis ich es nicht mehr hörte. Ich hörte noch darauf, ja! Aber ich überhörte den Namen. Wirklich. Wenn Mutti zum Essen rief, rief sie „Knuddel!" Ich ließ nach einiger Zeit den Fußball liegen und ging. Aber nur, weil ich Hunger hatte.

Dick bin ich nicht mehr. Der Kinderarzt sagt, ich habe mich gestreckt. Frühzeitig, hat er gesagt, hast du dich gestreckt, Willy, ein Glück, mein Lieber, wir hätten dich beinahe in eine Kur gesteckt.

Ich weiß nicht, was eine Kur ist, aber es wird nichts Gutes sein, wenn einer von zu Hause weg muß.

Manchmal gucke ich in den Ankleidespiegel. Der steht im Schlafzimmer. Ein großer Spiegel ist das, alt soll er sein. Jedenfalls ist Staub in den braunen Rillen. Eine Menge. Ich sehe das doch. In dem kann man sich aber ganz sehen, also alles von einem. Da sehe ich groß aus.

Vati gehe ich bis an den Bauchnabel. Das haben wir im letzten Sommer ausprobiert. Er mißt einsachtzig. Trotzdem nannten sie mich weiter Knuddel. Immer, wenn ich mich beschwere, sagten sie, Knuddel ist ein Kosename.

Kosenamen gibt man nur jenen, die man liebt. Seltsame Liebe. Sie lachen über einen Knuddel, den es gar nicht gibt. So eine Liebe ist das!

Dann kam der Umzug in die Stadt. Vater hat hier Arbeit bekommen. Er ist Installateur für Heizungen. Er macht die Wartung rund um die Uhr.

Er hat ein Handy. Das liegt auf dem Nachttisch. Wenn das Handy ruft, muß er raus. Die neumodischen Heizungen haben Elektronik. Leiterplatten. Computer haben sie auch. Das findet er raus, wenn die Heizung nicht mehr heizt.

Bevor der Möbelwagen kam und die ganze Aufregung, beschloß ich: Ich heiße Willi. Das ist richtig und nicht richtig.

Richtig heiße ich Wilhelm. Und so heißt nun wirklich kein Mensch heutzutage. Willi ist die Koseform von Wilhelm. Ich habe lange überlegt und überlegt. Ist Wilhelm ein guter Name? Wer trug ihn außer mir?

Schnell kam ich darauf: Das waren mal unsere Urgroßväter. Urgroßväter sind Väter, die haben vor mindestens - na, sag ich, fünfzig Jahren und noch mehr gelebt. Soweit kann einer nicht zurückdenken. Jedenfalls trugen sie Schnauzbärte. Das sieht man auf Bildern.

Die Urgroßväter hießen Wilhelm. Nach einem Kaiser zum Beispiel. Vor dem gab es noch einen, einen Wilhelm 1 und dann einen Wilhelm 2. Sie werden einfach abgezählt, die Kaiser. Da hab ich meinen Vater nach gefragt.

Der letzte Wilhelm, hat er gesagt, also der zweite, hat dann in Holland gelebt, und er hat seine Zeit mit

Holzhacken verbracht. Davon soll es sogar ein Bild geben. Ich weiß aber nicht, ob er beim Holzhacken seine Krone getragen hat und den purpurroten Mantel und ob der Thron dabei gestanden hat. Was soll ich dazu sagen, ein Kaiser, der Holz hackt.

Ich stelle mir Kaiser vor wie sie sein müssen: Mit einer Krone auf dem Kopf, und sie sitzen auf einem Thron, und mindestens drei Prinzessinnen stehen drumherum. Wie im Märchen.

Im Märchen gab es mal einen, der ging ohne was an durch die Straßen. Die Leute zeigten mit Fingern auf ihn und lachten ihn aus. Dieser Wilhelm kam für mich nicht in Frage.

Dann sah ich den Trickfilm „Biene Maja". Da taucht eine Biene auf, die heißt Willi, Willi mit i oder y hinten. Das war nicht klar. Und dieser Willi oder Willy gefiel mir gar nicht. Warum? Na, er hatte nichts zu melden. Maja war der Chef im Film.

Und Willi mit i oder y machte immer das, was er nicht tun sollte: Er lief ins Verderben. Oder er war tolpatschig. Jedenfalls mußte er oft erlöst werden.

Das war mir nichts. Ehrlich, ich wußte nicht, daß Willi auch mit Ypsilon geschrieben werden kann. Das ist nämlich englisch.

Wie das nach einem Umzug so ist: Die Sachen liegen durcheinander. Mein Bruder ist in Heidelberg und lernt Koch. Das habe ich erzählt. Die Sachen lagen auf einem Haufen. Und mein Vater befahl: Schaffe

Ordnung! Ich sortierte die Sachen meines Bruders, weil er eben nicht vorhanden war. Ich packte Bücher aus. Seine Schulbücher.

Mein Vater gab den weisen Rat, sie ja aufzuheben, die Bücher. Ich stellte sie in das Regal. Eines nach dem anderen. Und wenn sie Bilder in sich trugen, blätterte ich denen nach.

Da sah ich einen in einer Rüstung. Ein großer Mann muß das gewesen sein. Vor vielen Jahren. Die Rüstung war aus Eisen. Er trug einen Helm auf dem Kopf mit einem Busch aus Federn dran. Und eine Lanze. Und erst das Pferd! Das war riesengroß. Ein Riese, überlegte ich gerade.

Da kam mein Vater von der Arbeit und in mein Zimmer. Er tippte auf den Reiter mit der eisernen Rüstung und sagte: „Das ist Wilhelm, der Eroberer". Ich antwortete nicht. Mein Vater nahm mir das Buch aus der Hand und setzte sich. „Das ist englisch", sagte er dann, „Wilhelm, der Eroberer in der Schlacht bei Hastings".

„Was hat er erobert?" fragte ich.

„Na, England , erwiderte mein Vater.

„Ich heiße auch Wilhelm , sagte ich darauf.

„Ja, du heißt Wilhelm", entgegnete er, „aber du bist ein Knuddel ohne Helm." Er boxte mich und warf mich aufs Bett und drehte sich herum. Ich erwischte ein Kissen und hieb es ihm an den Kopf. Wir wälzten uns. Ich fiel auf den Fußboden und stieß mir den Kopf.

Aber ich merkte es nicht so richtig. Denn ich saß bei Vater auf der Brust. Die Knie hatte ich auf seine Oberarme gestemmt. Er konnte nicht aufstehen. Er wimmerte um Gnade. Er sagte: „Wilhelm der Eroberer hat mich besiegt. Ich bin sein Untertan." Da ließ ich gnädig von ihm ab.

In der Nacht träumte ich von Wilhelm in der Ritterrüstung. Wie er nach England kommt mit seinen Rittern. Und wie er König wird. Er nimmt den Helm ab und setzt sich eine goldene Krone auf den Kopf. Er trägt einen Rauschebart. Und alle schreien: „Lang lebe Willy, unser König!"

Ich weiß, ich weiß, Wilhelm heißt englisch William. Aber Willy ist der Kosename von William. Ich beschloß, Willy mit Ypsilon zu heißen. In der neuen Schule wissen das jetzt alle. Meinen Eltern und meinem Bruder Robert muß ich es noch sagen.

EISANGELN

Vor Weihnachten bricht zu Hause das Durcheinander über uns herein. Dafür ist niemand verantwortlich, sagt Opa, es ist eben so. Also auch nicht ich, der ich neun Jahre alt bin und in die vierte Klasse gehe.

Meine Schwester Klara ist ebenso nicht verantwortlich, obwohl Mutti mit scharfem Blick auf mich und mildem Blick zu meiner Schwester meint: „Klara, Schätzchen, die Klügere gibt nach."

Vater ist schon gar nicht verantwortlich, weil er nie Zeit hat.

Rundheraus, alles lastet auf Mutter. Aber deshalb kann sie natürlich nicht für alles, was die Familie angeht, verantwortlich sein. Und weil ich das einsehe, greife ich ein.

Ich sehe die Gefahr, die über unseren Köpfen schwebt, und ich greife ein. Gerade vor dem Weihnachtsfest ist das wichtig. Es sind Geschenke zu besorgen und zu verstecken. Es ist der Weihnachtsbaum auszusuchen. Die Gans muß gekauft werden.

Vergangenes Jahr zum Beispiel fehlte die Tannenbaumspitze. Klara hatte sie beim Abputzen des Baumes zerbrochen. Alle hatten gesagt, es muß eine neue gekauft werden. Und als der Baum stand und Mutti den Baumschmuck aus dem Keller geholt hatte, fehlte die Spitze. Und das am Heiligabend. War das ein Theater!

„Wer ist dafür verantwortlich?" erregte sich Vater. „Ich natürlich", antwortete Mutter und schlug die Augen an die Zimmerdecke. Sie wischte sich die Hände mit der Schürze ab und ging wieder in die Küche. Sie tat mir sehr leid. Und da griff ich ein.

Im Werken hatten wir gelernt, aus Stroh, aus goldgelbem Weizenstroh, Matten zu flechten. Ich lief zu Frank, dessen Eltern Ziegen halten und die ein paar Morgen Land ums Haus haben. Ich bastelte aus dem Stroh eine Figur, die einem Engel ähnlich sah. Die setzten wir auf die Weihnachtsbaumspitze und schmückten sie mit Engelhaar.

Ich erzählte zu Hause nicht, daß ich hatte Ziegenbutter essen müssen bei Frank. Es war kalt draußen, und ich bekam Kakao vorgesetzt und die Frage nach meinem Hunger.

Ich bin immer hungrig, da muß nicht gefragt werden. Das Brot war mit Ziegenbutter bestrichen. Mein lieber Mann, die schmeckt sehr streng. Aber wegen dem Weizenstroh aß ich die Stulle auf. Ich nannte mich einen Helden, sprach aber nicht darüber.

Der Strohengel auf der Weihnachtsbaumspitze sah mit schief geneigtem Kopf in unsere Weihnachtsstube. Alle waren zufrieden. Das war, wie gesagt, im vergangenen Jahr.

In diesem Jahr hatten wir zu Weihnachten nicht nur Schnee, sondern strengen Frost. Mindestens 12 Grad, sag ich mal. Jedenfalls fror es Stein und Bein, wie mein

Opa sagt, wenn es sehr frostig ist. Ich kann mich nicht erinnern, daß es jemals so kalt gewesen wäre.

Opa meint, er kenne sich mit Wintern aus, und ich sei einfach zu jung, um solche Sachen zu wissen. Er kann mindestens zehn kalte Winter aufzählen, und zu einem sagt er „Jahrhundertwinter".

Aber ich sah das Unheil auf uns zukommen, weil keiner vom Weihnachtskarpfen sprach. Karpfen in Biertunke, wißt ihr wie das schmeckt? Es handelt sich um Malzbier, nicht um irgend ein Pilsner, nein, Malzbier.

Wir hatten vor ein paar Wochen wie üblich gewürfelt, welche Art Karpfen dran ist zu Weihnachten, Karpfen blau oder in Biertunke. Es gewann Biertunke.

Aber - der Karpfen wurde nicht gekauft. Da wurde ich sehr unruhig. Ich sprach: „Der Karpfen muß noch gekauft werden. Wenn keiner Zeit hat, auch Klara nicht, dann kaufe ich ihn."

Wir wohnen auf dem Dorf, zu dem kommt das Fischauto. Und wer nicht zuschlägt, der hat keinen Karpfen. Da ich einmal vor Jahren einen Geldschein verloren habe, bekomme ich in der Regel kein Geld in die Hand. Außer meinem Taschengeld, das ich noch nie verloren habe. Das reichte aber nicht für einen ordentlichen Karpfen.

Ich dachte lange über den fehlenden Karpfen nach, sehr lange, etwa eine Stunde. Ich schaltete sogar den Fernseher aus, weil der Trickfilm mich am Nachdenken hinderte. Ganz bestimmt hatten alle Nachbarn Weihnachtskarpfen gekauft, überlegte ich. Sie hatten ihre Kühlschränke mit den wunderbaren Sachen so vollgeknallt, daß der Karpfen keinen Platz mehr darin fand. Und weil es kalt war, lag das Familienfreßstück auf der Fensterbank und wartete vor sich hin. Ich brauchte nur auszuschwärmen und einen greifen.

Von Franks Eltern wußte ich das ziemlich genau. Der Karpfen lag auf der Fensterbank. Ich sagte mir, daß ein geklauter Karpfen zu Weihnachten nicht das Richtige ist. Man hat ein schlechtes Gewissen, und die Biertunke rettet davon auch nichts mehr.

Dann hatte ich den Einfall. Ich schaute mir meine Angelausrüstung an. Ich wählte eine haltbare Schnurstärke für einen Fünfpfünder. Fünf Pfund mußte er schon haben, der Karpfen, wenn auch ich ein ordentliches Stück auf dem Teller haben wollte.

Ich besorgte mir von Franks Vater einen Eisbohrer. Ich wanderte zum See. Ich mußte zweimal gehen, weil ich auch einen Campingstuhl brauchte. Fürs Warten.

Ich hatte dicke Socken angezogen. Ich ging also auf das zwanzig Zentimeter dicke Eis. Ich wollte einen Karpfen.

Hatte ich im Sommer nicht Barsche, Rotfedern und Plötzen aus dem See gezogen und auch einen Blei, obwohl der sehr vorsichtig ist? Waren die Fische nicht länger als zwölf Zentimeter gewesen? Hatte ich sie nicht in mein Fangbuch eingetragen, nachdem ich sie unter Zeugen, Mutti und Opa waren Zeugen, mit der Küchenwaage gewogen?

Am ersten Weihnachtsferientag, es war ein Freitag ging ich auf den See. Ich bohrte mit großer Anstrengung ein Loch in das Eis. Ich hackte es auf zu einem Viereck. Das heißt, ein Mann half mir dabei, denn ich hatte keine Axt oder ein Beil. Ich hätte Axt oder Beil nicht unentdeckt aus dem Stall holen können.

Ich bereitete die Angel vor. Ich spuckte auf den Haken, wie ich es immer tat. Mein Anisteig klumpte und war bröcklig. Ich feuchtete ihn mit Spucke an. Da ging er geschmeidig auf den Haken. Ich angelte acht Plötzen und einen Barsch. Ich wartete auf den Karpfen. Er kam nicht.

Auf dem Eis gingen die Lichter an. Die Angler hatten Lämpchen mitgebracht. Ich hatte eiskalte Füße. Und der Karpfen kam nicht.

Als ich meine Ausrüstung einpackte, war ich sehr niedergeschlagen. Die Fische - es war vielleicht ein

Kilo - vielleicht auch weniger. Ich brachte die Fische nach Hause und legte sie still in der Küche ab. Klara, Mutti und Vati und Opa standen um mich herum und sahen stumm zu, wie ich sie wog.

Ihren Gesichtern sah ich an, daß ihnen endlich der Karpfen einfiel, der fehlte. „Ich habe es versucht", sagte ich. „Ein Karpfen ist mir nicht an den Köder gegangen".

Alle nickten dazu, und ich hatte das Gefühl, ich könnte ein wenig stolz auf meinen Versuch sein.

Da sagte mein Vater: „Der See wird jedes Jahr im August abgefischt und im November nochmal. Weißt du das nicht? Sie waren doch hier mit ihren Netzen. Ach, Ole, du bist mir ein Angler!" Mein Vater seufzte sogar. Und alle nickten wieder dazu, als hätten auch sie gewußt, was für ein Dämelsack ich bin.

Den Dämelsack habe ich mir nicht angezogen. Es wurde noch ein schönes Weihnachtsfest. Das kann ich allen versichern. Aber es gab keinen Karpfen in Biertunke. Und wenn ihn meine Familie nicht vermißt hat, ich habe ihn vermißt. Deshalb sagte ich am Abend des zweiten Feiertages: „Ohne Karpfen kein Weihnachten!"

„Wenn er recht hat, hat er recht", antwortete mein Vater und wickelte sein Marzipanstück aus dem bunten Papier. Es hatte die Form eines Karpfens, sah ich. Aber keinem fiel das auf.

TOLIK

Eine mit Spielzeug gefüllte Kiste. Tolik braucht nur hineinzugreifen. Er würde fündig werden. Aber er greift nicht hinein. Er überläßt den Kleinen die Geschenke, die im Asylantenheim angekommen sind.

Denis, der Dreijährige, langt zu, zieht ein Spielzeug nach dem anderen heraus. Denis ist der Gummiball zwischen den sechs Kindern im Heim. Er springt zwischen ihnen herum. Ihm sind die schwierigen Wochen und Monate der Vergangenheit nicht anzumerken. Er scheint alles verkraftet zu haben, das Warten vor allem, das Warten. Und das Herumziehen und Schlafen in fremden Betten.

Tolik rührt sich nicht in seinem Sessel. Die Mädchen sind mit je einem Spielzeug davongezogen. Denis ist ihnen nachgerannt.

Jetzt schaut Tolik in die Tasche. Er fördert eine Handpuppe zutage. Und so, wie er sie gekonnt über die Hand streift, in Kopf- und Fingeröffnungen der Puppe fährt, hat er keine Schwierigkeiten mit den Spielbewegungen.

Er führt die Puppe, die ein Kasper ist, ein deutscher Kasper, den er nicht kennt, den er eben anblickt, der ihm zunickt mit seiner langen Nase und den schwarzen Knopfaugen und ihn an irgendetwas zu erinnern scheint, denn Tolik läßt sich in den Sessel zurückgleiten. Er hört nicht das Geschrei der anderen Kinder vorm Haus, sieht nicht die Sonne vorm Fenster, die den kalten schneereichen Tag freundlich gemacht hat.

Tolik ist mit seinen Gedanken in Kiew. Er sieht sich aus einem Trolleybus steigen. Er ist ganz allein gefahren. Mit dem Bus hat er eine der Dneprbrücken überquert. Den kleinen Rucksack auf dem Rücken spürt er überhaupt nicht. Es ist Brot darin und zwei Flaschen Kefir. Auch ein paar Äpfel hat ihm die Mutter eingepackt für den Großvater.

Auf dem Weg zum Haus des Großvaters schaut Tolik sich um. Er sieht den mächtigen Fluß, den Dnepr, die sanfte Biegung, die der Fluß schlägt. Es ist Frühling, und es ist still an diesem Tage. Die Sonne scheint warm.

Tolik fährt gern auf die Höhe. Wie der Großvater liebt er diesen Blick auf den Fluß. Der Großvater weiß, daß er kommt und wartet.

Tolik braucht jetzt nur noch über die Straße zu laufen, dann hat er das Haus mit dem Atelier des Großvaters vor sich. Flach steht es am Hang über dem Fluß. Die großen Fenster bilden in der Sonne einen einzigen Spiegel.

Der Großvater hat im Garten Sonnenblumenkerne ausgelegt. Die Keimlinge müßten nun zu sehen sein, hat ihm die Mutter gesagt. Tolik glaubt sie auch zu sehen hinter den Zaunlatten. Dann aber bemerkt er das große Pappschild am Tor. Darauf steht in roter Farbe geschrieben: „Hier wohnt ein Jude!"

Tolik verharrt vor dem Schild. Er liest noch einmal Buchstaben für Buchstaben, bis sie vor seinen Augen zu tanzen beginnen. Später fragt er den Großvater, warum er, Tolik, das Schild nicht herunternehmen darf. „Weil es stimmt", antwortete der Großvater.

Da sitzen sie am Tisch, an dem Tolik gern sitzt. Sie essen von dem Brot, trinken Kefir und schälen sich jeder einen von den mitgebrachten Äpfeln.

Der Großvater neigt plötzlich den Kopf und lächelt ernst. Dann steht er auf. Ihm ist etwas eingefallen. Er geht zur großen Truhe, die in der Ecke steht und öffnet sie. Er holt zwei von den Puppen heraus, die Tolik schon lange kennt, Handpuppen: Es ist ein altes Weib, und es ist ein junger Bursche, ein Bauernbursche, erklärt der Großvater.

Die Puppen beginnen auf den Händen des Großvaters zu leben. Sie treffen sich, sie verneigen sich. Tolik hat sich die Sätze gemerkt, die die Alte mit der warmen Stimme des Großvaters dem jungen Burschen gesagt hat: „Ach, weißt du, Söhnchen, der Haß auf die Juden ist so alt, wie die Welt alt ist. Willst du, daß die Welt vergeht?" Die Welt?

Die Welt ist für Tolik der Großvater und sein Atelier. Darin die Skulpturen und Köpfe, die Gruppe der steingewordenen Kinder mit ihren erlöschenden Augen. Die Gruppe steht unterm Fenster, mit einem Leinentuch zugedeckt. Sie warten darauf irgendwo aufgestellt zu werden. Die Welt ist für Tolik der Blick aus dem

Fenster auf den Fluß, sind die Eltern, sind seine Freunde Anton und Rita. Die Welt - das ist der quirlige Kreschadnik in der Stadt, seiner Heimatstadt Kiew.

Die Augen des Jungen, der selbstvergessen im Sessel des Heimes sitzt, sind nach innen gerichtet. Eben fällt ihm ein, er hat Anton und Rita nichts gesagt von seiner Reise. Die Mutter hatte es verboten.

Er hat nicht sagen können, daß er nicht wiederkommt. Er muß dem Großvater schreiben. Ja, das wird er tun. Er wird ihn bitten, in die Stadt zu fahren zu Anton und Rita. Die wohnen um die Ecke.

Um die Ecke? Er wohnt jetzt im Asylantenheim. Das steht in einem deutschen Dorf. Die nächste Ecke - das ist ein Bauernhaus.

Tolik schreckt hoch. Warum ist er nicht längst auf den Gedanken gekommen, dem Großvater zu schreiben? Er überlegt.

Die Wochen seit Anfang Dezember kommen ihm wie ein Traum vor, der nur von gelegentlichem Wachsein unterbrochen worden ist. Überall, wo er auch war, schlief er bei Halt auf der Stelle ein. Er schlief und schlief und wollte nicht mehr wach werden.

Die lange Reise mit dem Touristenbus von Kiew nach Warschau, nach Polen. Die Aufregung der Mitfahrenden und ihre Hast, die dem Tolik unverständlichen Satz gefolgt war, die Grenze nach Deutschland sei noch offen.

Die Menschenschlange vor einem Haus in einer der glitzernden Straßen in Westberlin. Und die Mutter weint. Sie weint ohne einen Laut, daß Tolik es nicht gleich bemerkt.

Dann umarmt ihn der Vater wie sich Fremde umarmen. Und er sagt mit heiserer Stimme: „Achte auf deine Mutter, Tolik, mein Großer!" Lange kam keine Nachricht vom Vater.

Tolik schaut in das lustige Gesicht der Kasperpuppe. Er trägt sie noch immer auf der Hand. Eine solche Puppe war nicht in Großvaters Kiste. Dies ist eine deutsche Puppe.

Im Haus, in dem Tolik seit Wochen lebt, werden ihm die Dinge nur langsam vertraut. Mutter sagt, er lerne gut. Nur schade, daß es kein Klavier gebe, meint die Mutter. Das wird es wieder geben, hat der Vater versprochen. Und er hat mit den Augen gezwinkert.

Denis, der Dreijährige, hat sich vor Tolik aufgebaut. Er schaut begehrlich auf die Kasperpuppe. Tolik sagt auf deutsch zu ihm: „Guten Tag, was wünschen Sie, bitte?"

Denis blickt ihn verblüfft an. Da hält ihm Tolik die Puppe hin. Denis streift sie ihm von der Hand. Weg ist er. Seit vielen Tagen lernt Tolik die fremde Sprache.

Mit der Mutter ist er gestern zum ersten Mal einkaufen gewesen. Er hat die bunten Dinge in den Regalen betrachtet. Die Regale waren übervoll. Er hat die Aufschriften der Waren zu entziffern gesucht, aber nichts verstanden. Immer wieder war er stehengeblieben mit aufgerissenen Augen. Die Mutter mußte ihn ermahnen.

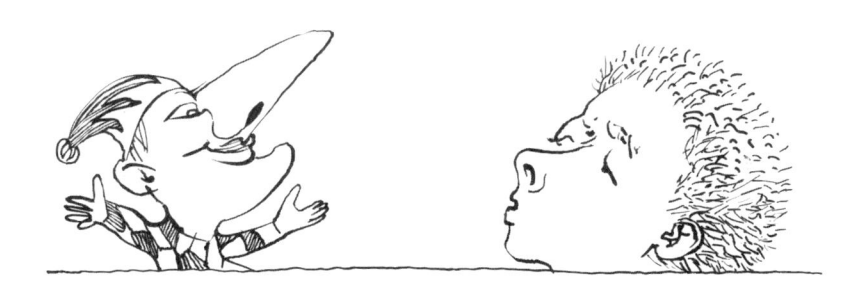

Vom Einkauf wird Tolik Anton und Rita schreiben, davon, was er für seltsame Sachen gesehen hat. Er wird sich mit dem Vater beraten. Der wird ihm die schweren deutschen Wörter erklären und all das Unbekannte im Kaufhaus, auf den Straßen, im Dorf und überhaupt.

Der Vater. Sie hatten sehr lange keine Nachricht von ihm gehabt. Eines Morgens weckte die Mutter Tolik sehr früh. Sie stiegen wieder in den Fernbus. Sie fuhren einen Tag und eine Nacht. Wieder waren sie in Warschau und liefen durch die Stadt. Dann fuhren sie mit einem Taxi zum Flughafen. In einer Ecke des Flughafens schlief Tolik ein. Zwischen den Gepäckstücken.

Im Flugzeug fand er sich wieder. Und er konnte nicht glauben, daß sie bald beim Vater sein würden. Tolik blinzelt schläfrig. Bei dem Gedanken an das Vergangene zu Hause, an den Großvater, an den Fluß, auf dem er oft mit dem Schiff gefahren ist, bekommt er eine Gänsehaut.

Jetzt blinzelt Tolik nicht mehr schläfrig, sondern anders, ganz anders. Ein paar Tränen wollen sich herausdrängen. Deshalb schließt der Junge die Augen ganz fest. Ein Junge weint nicht. Nicht einmal, wenn es sehr weh tut, weint ein Junge. Beim Fußballspielen, wenn der Gegner das Bein trifft und nicht den Ball, beißt man sich auf die Lippen.

Gestern sah Tolik die Dorfjungen auf dem hartgefrorenen Platz hinter der Kirche einen Fußball aufs Tor zubolzen. Wie hatte es ihm in den Beinen gezuckt, auf den Platz zu laufen. Aber die Mutter ergriff ihn beim Arm. Das versteht er nicht. Hier im Dorf hat ihn niemand bisher angerempelt oder „Jude!" gerufen.

Die Leute sind freundlich. Die Nachbarstochter Alexandra aus dem Nebenzimmer erzählt nichts anderes. Sie hat Freundinnen im deutschen Dorf. Morgens, wenn Tolik noch schläft, fährt sie mit dem Schulbus in die Stadt. Ihre Eltern haben sie gleich in der ersten Woche in der Schule angemeldet.

Gestern hat Alexandra erzählt, sie sei abgeholt worden. Hand in Hand seien sie zur Bushaltestelle gegangen und hätten auf den Schulbus gewartet. Sind eben Mädchen, denkt Tolik, Hand in Hand.

Er seufzt. Seine Schule in Kiew hatte ihm überhaupt nicht mehr gefallen. Der lange Weg zur Schule, und dann der Ton der Lehrerin, ihre scharfe Stimme, der

Trubel auf dem Schulhof und manchmal ein Buff oder ein Schlag von einem der großen Lulatsche, die ukrainisch sprachen und nicht russisch wie er.

Aber er hatte verstanden, was sie sagten. Sie wollten Judenjungen jagen. „Papa, sie mögen mich nicht", hatte er nach einem solchen Schulerlebnis geklagt.

Eines Tages hatte ihm der Vater geantwortet: „Wir gehen weg von hier, Tolik, wirklich, wir gehen weg!" Tolik hatte sich das nicht vorstellen können. Nun war es passiert. Hier sollte alles ganz anders sein.

Tolik geht sicher im Haus herum. In ihm gibt es die vertraute Sprache. Es gibt auch die Deutschen, die für das Haus sorgen. Den jungen Leiter, zum Beispiel, der Toliks Sprache spricht, jedoch mit dem Jungen Deutsch redet und aufpaßt, daß Tolik korrekt antwortet.

Der Deutsche hat ein lustiges Gesicht. Neulich hat er ihn mitgenommen im Auto und ihm die fremde Stadt gezeigt.

In Toliks Gesicht ist nichts verborgen. Es ist völlig offen. Eben denkt er an die letzte Fotoarbeit des Vaters. Vater ist Werbefotograf.

Tolik hat ihn begleitet. Auf den Friedhof der Vorfahren, wie der Vater den Friedhof nannte. Da standen Grabsteine und keine Doppelkreuze, wie er sie bereits gesehen hatte. Grabsteine mit ungewöhnlichen Schriftzeichen, die nur der Vater entziffern konnte.

Und dann sah Tolik umgestürzte Grabsteine, zerschlagene, wie mit einem Hammer bearbeitet. Manche waren mit weißer Farbe beschmiert. Auf einem ein Hakenkreuz. Der Vater ließ Tolik zwischen die Grabsteine treten und fotografierte.

Tolik blickt zu Alexandra. Sie ist mit ihren deutschen Schularbeiten beschäftigt. Wie er sie anschaut, glaubt er, sie sei irgendwie bereits angekommen im neuen Leben. Sie wird mit ihren Eltern nicht lange wohnen bleiben im Heim. In der Nähe werden sie sich niederlassen. Sie kennen die nahe Stadt. Sie haben Freunde dort. Vorm Haus steht ein kleines deutsches Auto. Mit dem fahren Alexandras Eltern und erkunden, wann es soweit sein wird, daß sie Heimat haben.

Toliks Eltern wollen weiter fort. An einen Fluß, der Rhein heißt. Der Fluß soll nicht so breit und mächtig sein wie der Dnepr. Aber Berge sollen links und rechts des Flusses aufragen. An deren Hängen wächst Wein. Die Winter sollen dort weniger kalt sein.

Aber der Großvater, der wird noch weiter weg sein. Er wird an seinem Atelierfenster stehen und über den Fluß schauen. Er wird darüber nachdenken, was ihm Tolik geschrieben hat. In einer Sprache, die vielleicht schon holpert, weil er inzwischen in einer anderen bereits denkt.

Vielleicht wird er in seinem Antwortbrief ausführen, was er Tolik bisher verschwiegen hat. Daß er als sehr junger Mensch, siebzehn Jahre alt war er, in Deutschland gewesen ist. Als Soldat. Und daß er dort um keinen Preis hätte leben wollen. Vielleicht aber wird er einen solchen Brief nie schreiben. Weil auch er mit der Hoffnung lebt, daß Vergangenheit Vergangenheit ist und sich deshalb nicht wiederholt.

Denis kommt gelaufen. Er legt den Kasper vor Tolik auf den Tisch und sieht ihn erwartungsvoll an. Tolik streift sich die Puppe über die rechte Hand. Er läßt die Zipfelmütze der Figur wippen. Er marschiert mit dem Kasper über die Tischplatte.

Jemand ruft. Die Kinder laufen vors Haus. Man hat einen Schneemann gebaut, wie in deutschen Landen üblich. Kohlenstücke die Augen, die Nase eine Möhre, ein löchriger Kochtopf auf dem Kopf, im Arm einen zerfransten Besen. Die Dorfkinder werfen Schneebälle auf den Schneemann. Es dauert nicht lange, da wirbeln alle Kinder im Schneeballtrubel.

PAWELS TRAUM

Er rennt durch die Steppe. Und Kotik, dieser Schlingel, springt ihm hinterdrein. Er folgt ihm, wie der Hund Scharyk ihm einst gefolgt ist. Der hielt sich dann an seiner Seite, lief gemächlich. Scharyk war schon alt. Kotik aber springt. Er springt, verweilt, hockt geduckt. Eine Katze eben.

Der Schweif des Katers schlägt unhörbar das dürr gewordene Gras. Es ist hoher Sommer. Die Sonne brennt fahl. Dann springt Kotik zu. Die Steppenmaus ist hin.

Pawel hört ein leises Läuten. Es klingt fein zu ihm herüber. An Kotiks Brust hängt wieder das winzige Ding von Glocke. Es ist an einem leuchtendroten Lederhalsband befestigt. Kotik läuft auf Pawel zu und hebt den Kopf. Er schaut Pawel an. Kotiks Augen sind so rot wie das Halsband.

An dieser Stelle des Traumes wacht Pawel auf. Ist er wach, weiß er nicht, ob es sich wirklich um Kotik handelt, den er gesehen hat. Rote Augen, rotes Halsband! Wo gibt es das? Sein Kotik hatte keine roten Augen, sondern graugrüne. Und ein Halsband hat er nie getragen.

Immer träumt Pawel den gleichen Traum. Wieder und wieder. Kotik mit dem Glöckchen. Nie wäre er auf den Gedanken gekommen, seinem Kotik ein Glöckchen anzuhängen. Der deutsche Nachbar aus dem dritten Stock aber hat ihm erklärt: „Bei uns hat alles seine Ordnung!"

Er hat Pawel in die Augen gesehen und gesagt: „Die Katze läßt das Mausen nicht! Mäuse haben wir wohl nicht im Haus, weil alle Mieter auf Sauberkeit halten. Aber Vögel draußen in den Büschen und Bäumen. Mit der Glocke haben sie eine Chance, Junge, verstehst du das?"

Pawel hat sich anfangs ein bißchen vor dem Deutschen gefürchtet. Der ist hager und hält sich gerade. Aber er spricht mit Pawel. Er spricht auch mit Pawels kleiner Schwester Marina. Er ist der einzige im Haus, der mit ihnen spricht.

Er nennt Pawel Paul. So wird Pawel auch in der Schule genannt. Im Klassenbuch jedenfalls steht Paul Warkenthin. Das ist ein deutscher Name. Niemand außer ihm heißt in der Schule Paul. Der Vater hat es festgelegt. „In den neuen Papieren steht Paul", hat er gesagt. „Russisch Pawel, Deutsch Paul und basta!"

Die Katze des Deutschen streicht um Pawels Beine. Er spürt deren Körperwärme durch seine Strümpfe. Es ist Sommer. Pawel trägt kurze Hosen, wie er zu Hause kurze Hosen getragen hat. Zu Hause war Grossisk, dreihundert Kilometer geradeaus und dann hundert Kilometer rechts von Karaganda entfernt.

In der Klasse tragen alle Jeans. Er will Jeans haben. „Erst ist Marina dran", sagt Mutter. Sie sagt es auf Deutsch. Wenn sie es auf Deutsch sagt, ist es Gesetz.

Nachbars Katze sieht Kotik überhaupt nicht ähnlich. Kotiks linkes Ohr sah aus wie ausgefranst. In Kämpfen mit den anderen Dorfkatern hatte er sich eine blutige Nase geholt. Auf der Nase saßen winzige weiße Sprenkel. Da hatte die Kralle eines anderen hingelangt. Kotik war tapfer.

Nachts kehrte Kotik von seinen Streifzügen zurück. Er sprang durchs offene Fenster und machte es sich am Fußende bequem. In seinem Fell fanden sich Blüten vom Ginster. In der Steppe gab es eine Senke, in der stand Ginster. im Dorf nicht. Die Ginsterblüten sammelten sich in Pawels Bett. Und die Mutter schimpfte und langte mit dem Besen nach Kotik.

In der nächsten Nacht lag er wieder an Pawels Fußende. Was er nur erlebt haben mochte? Aber Kotik schwieg und schnurrte nur zufrieden. Ein Prachtkerl! Jawohl!

Stets wartete Kotik am Flechtzaun auf ihn. Pawel kam mit dem Schulbus angefahren. Kotik tat so, als sähe er ihn nicht. Er ringelte sich scheinbar schläfrig zusammen in der Sonne. Er ließ sich kraulen und bereden. Dann blinzelte er Pawel an, weil er den Kopf gehoben hatte, mautzte zufrieden und stand gemessen auf. „Bist du endlich da?" sollte das heißen. Er bekam seine Milch.

Das ist lange her. Über ein Jahr oder noch mehr. Die Katze des Deutschen bekommt auch Milch. Sie frißt Kittecat, aber keine Mäuse. Manchmal erjagt sie einen

Vogel. In Pawels Traum trägt Kotik das Warnglöckchen der Katze des Deutschen. Oft stellt Pawel sich vor, er steigt zu Hause aus dem Schulbus. Eine dicke Staubfahne liegt über der Dorfstraße.

In Pawels Haus wohnt jetzt eine kasachische Familie, ein Arbeitskollege von Pawels Vater. Ein Bergmann, wie Vater einer gewesen ist. Sie haben versprochen, sich um Kotik zu kümmern.

Pawel hat gehört, daß die Kasachen Hundefleisch essen. Wie die Chinesen. „Und Katzen?" hatte er seinen Vater mehrmals gefragt.

Als sie aus dem Dorf gefahren waren mit Sack und Pack, blieb Kotik verschwunden. Pawel hatte ihn zuletzt noch am Ruda, am Felsbrocken, der ein Erzbrocken war, gesehen. Scharyk lag unter ihm begraben.

Der Vater hatte den Erzbrocken mit einem Lastwagen aus dem Bergwerk mitgebracht. Scharyk hatte zu Hause das Gnadenbrot bekommen. Vom Gnadenbrot hatte Pawel in einem deutschen Märchen gelesen. Scharyk war gestorben. Pawel hatte um ihn getrauert. Kotik auch. Er lag oft am Ruda. Er wußte, daß Scharyk dort begraben war.

„Pawluscha, bist du wach?" fragt die Mutter. Sie öffnet die Tür weit, schaut erst zu Schwester Marina, dann zu Pawel. Marina schnauft im Schlaf und hat ihren linken Daumen am Mund. Marina kann weiterschlafen. Pawel muß zur Schule.

Auf der Treppe begegnet er der Katze des Deutschen. Sie legt sich sofort auf den Rücken und bewegt alle vier Pfoten. Sie will spielen. „Jetzt nicht, Katze", sagt Pawel auf Russisch.

Sie weiß nicht, daß Pawel Pawel heißt und nicht Paul.

Tritt er jetzt aus der Haustür, ist er Paul. Manchmal vergißt das auch der Vater, obwohl er ihm den Namen Paul verordnet hat.

Neulich, auf der Straße, hat er ihn angebrüllt. Und wie! Auf Russisch. Durak, Dummkopf! hat er ihn genannt. Marina hatte sich von Pawels Hand losgerissen, weil sie eine Kindergartenfreundin auf der anderen Straßenseite gesehen hatte. Sie hatte sich losgerissen. Im dicksten Autoverkehr. Und eine Straßenbahn war auch im Anrollen. Pawel hatte sie zurückgeholt. Während der Vater immer noch aufgeregt schimpfte.

Da hatte ein junger Bursche aus einem Fenster ihres Plattenbaus gerufen: „Laß das Mädchen in Ruhe und halt endlich die Schnauze!" Gegrinst hatte er dazu. Sein rundes Gesicht glänzte wie mit einer Speckschwarte eingerieben. Der Vater hatte sich heftig umgedreht. Er hatte geschwiegen.

Das hat Pawel nicht verstanden. Vater hat ihn und Marina vor sich hergeschubst und nichts gesagt. Pawel läuft die Straße hoch, an den Plattenbauten vorbei. Einer ist wie der andere. Efeu rankt sich bis zu den ersten Balkons hoch.

Pawel geht bis zur rotgelben Riesenfrau. Die ist aus Kunststoff angefertigt und trägt einen Hut so groß wie das Rad eines Traktors. Er mag die Riesenfrau. Sie stemmt ihre Arme in die Seiten und hat den Mund weit geöffnet. Pawel stellt sich vor, daß sie andauernd Guten Morgen! ruft. Sie ist ein Farbklecks. Deshalb hat sie noch keiner besprüht wie die Hauswände.

Pawel muß jetzt links um die Ecke. Er sieht ein paar Klassenkameraden. Als er heran ist, sagt er „Hallo!" Sie sagen alle „Hallo!" Dann sieht Pawel kurz vor dem Schuleingang den Mann.

Er erkennt ihn sofort wieder. Ihm wird ganz heiß. „Geht schon vor", sagt er zu den Jungen und bleibt stehen. Der Mann lümmelt an einem Auto und spielt mit dem Startschlüssel. Er läßt ihn um den rechten Zeigefinger kreisen. Pawel geht auf ihn zu und starrt ihn an. Bis der Mann ihn bemerkt.

Einen Moment stutzt er, dann dreht er sich weg und ruft einem großen Mädchen zu: „Um zwölf hol ich dich ab!" Das Mädchen ist aus einer der zehnten Klassen, glaubt Pawel. Es trägt rotgefärbtes Haar. Die Fingernägel sind schwarz lackiert. Er hat sie in den Schulpausen gesehen. Sie steht auf der Schultreppe und winkt.

Pawel steht immer noch vor dem Mann. „Mach dich fort!" sagt der böse. Und Pawel trollt sich.

Am Sonntag war Vater mit ihnen kreuz und quer durchs Bruch gefahren. Mit dem Auto. Ein altes, gutes

Auto. Ein Samara. Sie hatten es abgestellt und waren ein wenig gelaufen, immer den Fluß vor Augen.

An einem Hang sammelte der Vater Reisig und entfachte ein kleines Feuer. Das hatten sie sich vorgenommen.

Sie stellten ein Kochgeschirr mit Suppe hinein. Die Mutter schnitt Brot und Speck und ein wenig Schinken. Das hatten sie an manchen Sonntagen zu Hause auch getan. Nur waren sie immer weit gefahren, sehr weit. Einfach in die Steppe hinein.

Sie waren beim Essen. Da hielt ein Auto, ein schwarzes Auto. Der Motor röhrte. Es war ein Diesel, wie Vater sagte, ein alter Diesel. Der Fahrer ließ die Scheibe herunter und rief: „Macht euch fort, Russen oder Polacken, hier wird nicht gefackelt! Macht sich breit, das Pack, als wär es zu Hause!"

Die Mutter guckte erschrocken. Aber sie hatte wohl nicht alles verstanden. Auch der Vater hatte nicht alles verstanden. Er schwieg und schob mit dem Fuß Sand ins Feuer. Es erlosch.

Pawel hatte alles verstanden.

Als das Auto verschwunden war, kaute er immer noch an seinem Brot und begriff nicht, warum der Vater geschwiegen hatte.

Später sagte Vater, daß es in Deutschland verboten ist, ein Feuer zu machen in der Natur. Hier sei eben Ordnung. Und sie sind Deutsche und müßten sich gewöhnen.

Das Vorklingeln reißt Pawel aus den Gedanken. Langsam geht er die Schultreppe hinauf. Seine Schulfreunde haben doch auf ihn gewartet.

„Was war denn, Paul?" fragt einer.

„Ach, nichts", antwortet Pawel, „ich dachte, ich habe unsere Katze gesehen.

„Ihr habt eine Katze?" fragen sie überrascht. „Seit wann?"

Pawel winkt nur ab. Er sieht aber vor sich die Katze des Deutschen.

Kommende Nacht wird Pawel Kotik im Traum wiederbegegnen. Er hofft es sehr, daß er träumt. Er hofft auch, Kotik trägt weder ein rotes Halsband noch ein Glöckchen. Oder ist es doch die Katze des Deutschen, die er dann sieht?

STRIPPEN ZIEHEN

Der Meister hatte die Arbeit verteilt, Menzel steckte den Auftrag in die Tasche, an dem - wie der Meister sagte - zwei Beschwerden hingen. „Ein einzelnes Haus zwei Kilometer vom Dorf entfernt. Sie warten seit Wochen. Aber du weißt ja ..." Der Meister winkte ab.

Menzel wußte, sie kamen mit den Aufträgen nicht hinterher. Aber er freute sich auf den Tag. Er dachte auch an knifflige Sachen, die ihn erwarteten, nicht dieses genormte Zeug in Neubauten, jeden Tag die gleichen Ecken.

Die sechs Kilometer fuhr er ohne Aufenthalt, und erst am Ende des Dorfes, an einem Kreuzweg, hielt er an und studierte die verblaßte Schrift auf den Holzschildern, geschnitzten Schildern, die in eine Richtung weisende Hand ausliefen. Waldmühle - geradeaus.

Horst Menzel bog sein Kreuz durch. Dafür stemmte er die Beine gegen das Katzenkopfpflaster. Er ließ den Lenker des Mopeds los, legte seine Hand in die Nierengegend und drückte die Wirbelsäule durch. Dabei atmete er tief ein. Seine knurplige Nase stieß in den Himmel, und die nach Wiesen und Wald riechende Luft ergriff von ihm Besitz.

Er bemerkte nicht, daß er sein Moped ausgeschaltet hatte. „Teufel", sagte er und versuchte sich zu erinnern, ob er hier schon einmal gewesen war. Seine Augen wanderten ohne Drehung des Kopfes einen

Halbkreis ab. Als werde er beobachtet, verharrte er still.

Die Dorfanlage kam ihm bekannt vor, das Kirchlein mit dem Fachwerkturm, dessen Mauerfüllung weiß getüncht, das Balkenwerk braun. Er erinnerte sich, wie sie auf der Feldsteinmauer an der Kirche gesessen hatten, die Gräber im Rücken.

Nun blickte er doch zurück. Die Feldsteinmauer fehlte. Grabkreuze und Steine fehlten, daß er einen Moment an seiner Erinnerung zweifelte. Lichtgrüner Rasen umgab die Kirche.

Schau an, dachte er, sie tragen ihre Toten aus dem Dorf, wie wir sie aus der Stadt. Und er wunderte sich, daß ihm Erinnerungen an den Trauerzug, an den Sarg kamen, in dem man seinen Vater vor fünf Jahren - er hatte gerade seine Lehre begonnen - aus der Wohnung getragen hatte. Lange hatte er nicht an seinen Vater gedacht.

Gleich fielen ihm seine beiden Schwestern ein, die er an den Händen gehalten hatte in diesem Augenblick: die Zwölfjährigen faßten den Sechzehnjährigen, und er weiß noch, er hatte sie an sich gezogen.

Nun gut, Menzel seufzte, er hatte einen abgelegenen Flecken anzusteuern. Dort waren neue Leitungen zu ziehen. Man wartete auf ihn. Es sollte an einem Tag zu schaffen sein. Als er den Starter trat, wußte er, daß er als Junge auf diesen Hügeln und Kuppen mit seinen Klassenkameraden Kamille gepflückt hatte, jawohl

Kamille. Sie hatte zwischen den Zuckerrüben gestanden, und jetzt standen da wieder Zuckerrüben.

Er wurde von einem Jungen erwartet, der ihm sofort öffnete, als er klopfte. Unter der Klingel an der Haustür war auf einer herausgerissenen Schulheftseite zu lesen: Bitte, nicht klingeln! Die Klingel funktionierte also.

Wenig später saß Horst Menzel in der Küche, denn der Junge hatte ihn zum Sitzen genötigt wie eine fürsorgliche Hausfrau.

„Meine Mutter hat gesagt, ich soll Ihnen Frühstück geben", sagte der Junge und war im Nu fertig und brachte einen Teller mit Schinkenbroten und einen braunen Topf mit Kaffee, und dann sagte er noch, daß alle Türen offen stünden und verschwand.

Horst aß hastig, nachdem er auf die Uhr gesehen hatte. Er begann seinen Weg durchs Haus vom Sicherungskasten aus. Im Keller fand er die Anlage in Ordnung. Da war nur ein Schalter zu wechseln. In Flur und Küche mußten die Leitungen gewechselt werden. Es fehlten auch Steckdosen. Der Stromzufluß war längst unterbrochen.

Im Wohnzimmer fand er neben einer toten Leitung eine defekte und einen völlig verschmorten Verteiler. In jedem Zimmer hing oder stand eine Stallaterne, wie er sie lange nicht gesehen hatte, und im Wohnzimmer war auf dem runden Tisch eine schöne alte Petroleumlampe hingesetzt. In Wohnzimmer und Fluren hingen Geweihe.

Er sah das alles und machte sich Gedanken, denn nirgends fand er einen Fernseher.

Der Junge blieb, während Horst seine Gänge durchs Haus lief, unsichtbar. Ein schönes Haus. Backstein, die Stallungen in Ordnung, der Hof aufgeräumt. Der Garten ums Haus ging unmerklich in Wald über. Buchen, Eichen, Haselnuß- und Erlengesträuch traten nahe ans Grundstück, und die schattige Dämmrigkeit des Hauses veranlaßte ihn, leise aufzutreten, als fürchte er, jemandes Kreise zu stören.

Eine Tür war noch zu öffnen, und er hoffte, keine Überraschungen zu erleben. Bisher brauchte er nur eine kleine Zeitzugabe für seine Arbeiten.

Im Zimmer standen zwei Betten. Vor dem Fenster rankte wilder Wein. Eines der Fenster war geöffnet. Ein Stativ mit Fotoapparat befand sich davor. Der Auslöser am Apparat beschrieb eine elegante Kurve.

Horst griff nach ihm und schaute durch den Sucher. Zuerst sah er nur Blattgewirr und dann den Spiegel des Baches, über den sich ein auf Pfosten genagelter Stab reckte.

„Bitte, nicht!" hörte er hinter sich die Stimme des Jungen. Der Junge schaute durch den Sucher und führte die Hand zum Auslöser. Aber es geschah nichts.

Horst ging im Zimmer der Leitung nach, der Junge setzte sich auf seinen Stuhl. „Warum sollte ich nicht klingeln?" fragte Horst. Der Junge lächelte verlegen. Wie ein Sechsjähriger schlenkerte er mit den Beinen.

Er war barfuß. Seine Beine waren bis zum Knie hinauf verschrammt.

„Ich passe auf", sagte der Junge. „Ich muß die Vögel heute noch mal erwischen. Das werd ich auch!" fügte er hinzu, „wenn Sie keinen Lärm machen."

„Ein bißchen schon", antwortete Horst, dem der Ton des Jungen nicht gefiel, und er ging nach draußen und begann, die alten Leitungen zu entfernen und hatte bis zum Mittag obere Etage und Flure fertig, und er störte den Jungen nur, um Glühbirnen zu verlangen. Der stand immer noch geduldig hinter der Kamera und sagte kein Wort.

Zu Mittag aßen sie in der Küche vorgekochte Erbsensuppe und tranken Milch dazu. Da wußte Horst bereits, daß der Bach in einem von Menschenhand gegrabenen Bett lief, das hundert Meter vom Anwesen begann. Er floß an einer kaum noch erkennbaren Ruine vorüber, uferte dann hinterm Grundstück aus und bildete eine ewig feuchte Stelle, die weit in die

Felder leckte. Irgendwo führte der Abzweig dann zum Hauptstrang zurück.

Da sagte der Junge: „Vorhin, da haben Sie die Vögel verschreckt." Er sagte es vorwurfsvoll und warf die Lippen auf, und fast sah es so aus, als schickte er ein verächtliches Pfeifen hinterher.

Menzel schnappte langsam ein. Der Tag hatte wie immer begonnen, klar und überschaubar, er kannte seine Möglichkeiten, er kannte seinen Wert, er hatte etwas geschafft am Vormittag, und dieser schweigsame Knirps, der pro Stunde ein Wort sprach, formulierte hier Vorwürfe.

„Hör zu", sagte er, und er dachte auch an die Bewirtung, „ich tue meine Arbeit, und ich hab mir die Beine vertreten an eurem ehemaligen Mühlbach, und das geht wohl in Ordnung."

Der Junge war nicht im geringsten verlegen. Seine Augen wurden dunkel. Leise antwortete er. „Wir haben hier den Eisvogel, den Eisvogel, verstehen Sie, seit drei Jahren sind sie wieder hier und jagen im Bach. Aber man will ihn zuschütten, weil er dahinten in die Felder geht, und sie glauben nicht, daß wir den Eisvogel haben."

Menzel runzelte die Stirn.

Er begriff, was der Dreizehnjährige sagen wollte. Er kannte keinen Eisvogel. Auch war er versucht, diesen Vogel mit einem Hektar landwirtschaftlicher Nutzfläche aufzuwiegen. Das alles sagte er nicht, denn er fühlte die Verletzbarkeit des Jungen. „Ich muß jetzt ein bißchen hämmern", sagte er stattdessen und stand auf.

Der Junge nickte.

Und als sich Horst unter der Wasserleitung die Hände wusch, hörte er: „Drei Aufnahmen habe ich schon. Mein Vater hat zwei."

„Die Ackerbesitzer werden den Bach zuschütten", antwortete Horst.

„Wir werden ihm wieder ein Ufer graben!" beharrte der Junge.

„Aber die Maschinen, man muß sie umsetzen. Wegen ein paar Eisvögeln. Das werden sie nicht tun. Deswegen eine Brücke bauen..."

Der Junge war fertig mit Geschirrspülen. Er trocknete sich die Hände ab. „Dann werden wir kämpfen", sagte er ernst.

Menzel schaffte seine Arbeit bis gegen neunzehn Uhr. Da war die Familie des Bauern versammelt in der Küche. Der Vater kam nur für eine halbe Stunde, denn sie steckten beim Strohräumen.

Sie aßen gemeinsam zu Abend. Zwei Mädchen von fünf und sechs Jahren, der Junge, die Bäuerin, noch das Kopftuch um die Haare geschlungen, wie sie vom Feld gekommen war, der Bauer und Horst.

Er hatte erwartet. sie würden sich seine Arbeit vorführen lassen. Aber niemand sagte etwas. Horst bemerkte nur, wie die Frau die Steckdosen befühlte und still die Stallaterne von der Decke nahm. Er sah ihre kräftigen gebräunten Beine bis zum Knie, als sie auf dem Stuhl stand.

Menzel brach auf. Zum Jungen und zur Frau sagte er: „Zwei Sachen mache ich noch", eine Steckdose für deine Leselampe und zwei Spezialdosen für Waschmaschine und Wäscheschleuder. Zwei ist besser. Und sie lösen die Verbindungen nicht mehr, dann halten die Dinger länger."

Als er fuhr, fiel ihm ein, daß auch sie zu Hause so schweigsam zu Abend gegessen hatten. Der Junge hatte nicht einmal von seinen drei geglückten Aufnahmen berichtet. Aber vielleicht wußte der Vater davon, weil er dem Sohn vertraute. Sie werden kämpfen.

Komisch, dachte Horst, ich weiß nicht einmal, wie er mit Vornamen heißt. Morgen würde er ihn danach fragen.

Inhaltsverzeichnis

Strubbelkopp ...
    Strubbelkopp   5
    Das Riesengewicht   13
    Die ewigen Hunde im Fenster   24
    Die Weidenholzflöte   34
    Der alte Tonnenkönig   42

...und noch ganz andere Geschichten
    Kulle   52
    Willy mit Ypsilon   60
    Eisangeln   66
    Tolik   72
    Pawels Traum   82
    Strippen ziehen   90